乐化哲学

沈孝业 著

中国财经出版传媒集团

经济科学出版社

Economic Science Press

图书在版编目（CIP）数据

乐化哲学/沈孝业著. —北京：经济科学出版社，2017.12
ISBN 978-7-5141-8831-8（2018.9重印）

Ⅰ.①乐… Ⅱ.①沈… Ⅲ.①大型企业-企业集团-企业文化-山东 Ⅳ.①F279.275.2

中国版本图书馆CIP数据核字（2017）第309638号

责任编辑：崔新艳
责任校对：靳玉环
责任印制：王世伟

乐化哲学
沈孝业 著

经济科学出版社出版、发行 新华书店经销
社址：北京市海淀区阜成路甲28号 邮编：100142
经管中心电话：010-88191335 发行部电话：010-88191522
网址：www.esp.com.cn
电子邮件：espcxy@126.com
天猫网店：经济科学出版社旗舰店
网址：http://jjkxcbs.tmall.com
北京季蜂印刷有限公司印装
710×1000 16开 14印张 230000字
2017年12月第1版 2018年9月第2次印刷
ISBN 978-7-5141-8831-8 定价：48.00元
（图书出现印装问题，本社负责调换。电话：010-88191510）
（版权所有 侵权必究 举报电话：010-88191586
电子邮箱：dbts@esp.com.cn）

我不是哲学家，但我有自己的哲学，思想里的，工作上的，生活中的。我的哲学，大多是悟出来的，如果包含一些哲理，那都是思想上体会和工作中总结的，但更重要的，是苦难辉煌的生活教给我的。

作者参加山东省第十二届人民代表大会第六次会议

2005年作者荣获全国劳动模范称号

作者与家人合影

作者讲话

作者在销售大会上讲话

昌乐县国际商会会员大会

作者向经理班子成员讲述两棵槐树的故事，进行乐化创业史教育

作者视察厂区

作者讲述企业家总部和
惠泉庄园及景观区规划图

作者视察寿光公司

作者指导制桶工序

作者指导压盖工序

作者指导试验

作者与外商交流

领导与作者座谈

作者在《山东文学》庆祝创刊十五周年暨乐化杯优秀小说颁奖大会上致辞

作者在写有"兴我乐化 敢为人先"的公司大厅留影

作者在中国人民大学学习

惠生桥

肖家庄群众感谢作者修建惠生桥

作者与母亲在厂区合影　　　　　作者与母亲在高崖水库大坝

作者与母亲粘知了

山东乐化漆业股份有限公司办公楼

山东乐化漆业股份有限公司生产厂区

山东乐化漆业股份有限公司罐区

山东乐化漆业股份有限公司自动包装桶生产线

高新技术企业证书

"全国守合同重信用企业"荣誉

乐化集团30周年厂庆全体员工大合影

乐化集团30周年厂庆现场

前 言

昌乐，古称营丘。营丘是齐国首城，姜太公首封地，具有深厚的文化底蕴，宋朝建隆三年（962年）始置昌乐县，取昌盛安乐之意而得名。昌乐是举世闻名的中国蓝宝石之都，中国西瓜之乡，现代教育名城，近年来各项经济社会事业飞速发展。

1957年8月21日，我出生于昌乐县红河镇肖家庄村，至1960年2月一直住在肖家庄村。

因亲生父亲去世，1960年3月，我随改嫁的母亲来到葛家滩村。1966年春，我开始在葛家滩村上学。

由于家庭贫困，我不得不于1969年3月辍学回家，13岁的我，就跟着成年人去修建水利工程。

1970年至1973年，我在葛家滩村生产队养猪；1974年至1975年，我在葛家滩村生产队推

小车运土肥；1976年，我在葛家滩村劳动兼任记工员。

1977年至1978年，我在葛家滩劳动兼记工员、副队长；1979年至1982年任生产队队长。

1983年至1985年，我被直选为葛家滩村村主任。

1986年至1987年3月，我在平原乡经委做贸易，同时为乡镇考察工业项目等。

1987年4月，我经过唐山做贸易时，顺便参观唐山工业项目，发现小油漆厂充满商机。经过乡党委批准，平原乡油漆厂成立（后来成长发展为山东乐化集团），我担任厂长，负责全面工作。

山东乐化集团有限公司创建于1987年，坐落于山东省昌乐县，属股份制民营企业，注册资金3 000多万元。30年来，公司员工发扬"兴我乐化、敢为人先"的企业精神，企业市场竞争力不断增强，经济效益显著提高。集团公司现有总资产11.11亿元，员工1 000余人，辖有山东乐化漆业股份有限公司、青岛乐化科技有限公司、山东乐强国贸有限公司、寿光鑫乐化工科技有限公司等子公司，在全国各省市有200多家销售公司，集产销油漆涂料、精细化工、国际贸易、房产开发、服务于一体，是一家跨地区、跨行业的大型企业集团。集团公司先后荣获"全国最大经营规模乡镇企业""全国重合同守信用企业""2011中国化工五百强""中国涂料行业AAA级信用单位""山东省先进民营企业"等荣誉称号。

作为乐化集团公司董事长，本人连续当选山东省第九、第十、第十一、第十二届人大代表，分别荣获

"富民兴鲁劳动奖章""山东省劳动模范""山东省优秀共产党员""优秀省人大代表""全国优秀乡镇企业厂长""全国劳动模范"等荣誉称号。

乐化30年的发展历程，可以分为五个阶段。

第一阶段：从1987年到1991年，这五年是企业创建起步、从无到有的过程。在这最初的五年里，乐化人付出了汗水和心血，甚至面临着血与火、生与死的考验，为乐化能够走到今天打下了坚实的基础。

这一阶段为什么会遇到这么多的挫折、磨难和痛苦，现在回顾总结，我认为关键原因在于：当时初创企业的条件不具备。

一是企业不具备相应的人员素质，职工以农民为主，文化素质不高，从泥腿子的农业生产一步跨入到现代化要求很高的工业生产，思想意识没有快速转变、跟上。

二是企业本身不具备相应的技术条件，那时我们对如何经营一家企业并不太懂，搞企业的条件，特别是技术（包括技术人员、实验设备）都不具备，也没有及时出去考察、学习。

虽然当时起点低、条件差，但是我坚信，磨难是我们企业的财富。没有创业之初的艰难险阻，就没有今天现代化的企业集团。在乐化集团创办三十周年庆的今天，回首创业之初的艰难往事，别有一番滋味在心头。

第二阶段：1992年到1997年，这是乐化从弱到强的五年，销量从几百吨提高到8万吨。这五年我们都干了一些什么？常常听说农民难免小农意识，只顾眼前利益，缺乏长远眼光，今天我可以自豪地说：我们干的事

业绝对不是小农意识的人能够干的，不是仅仅为公司员工个人利益，而是要创造规模效益、长远效益。那时我就在想：只要我们的产品一年达到几万吨，我们乐化的门前就能够车水马龙，乐化品牌也会响遍全国。可以说，我们具有中国农民朴实、耐劳、能干的精神，在创业历程中，我们不断突破着农民的狭隘和局限。我们用中国农民的本色撑起了乐化的一片蓝天。

1991年，企业生产能力500吨；1992年，迅速增长达到1万吨；1993年，又进行了改革完善；1994年，生产能力扩大到2.5万吨，是年，为了克服假冒商标泛滥问题，我们投资建设印铁车间，自己开始印刷制桶；1995年，投资建设植物油厂；1996，产能又扩大2.5万吨，规模达到5万吨；1997年扩大到8万吨。

1997年，乐化在昌乐全县工业企业中名列前茅，纳税过千万元，产值过亿元，在昌乐县工业企业发展史上率先取得突破。这些令人自豪的历史，在昌乐县史志资料中都有记载。

1997年10月25日，时任中央政治局委员、中共山东省委书记吴官正同志到乐化视察，对公司的改革发展给予了充分的肯定。在详细了解乐化集团的发展历程后，他连连点头赞许乐化集团的发展关键是有一个好的带头人，说你们有一支好的销售队伍，你们有一套好的管理体制，你们的改制要再前进一步，为全国创造经验，向全国推广。

第三阶段：从1998年到2005年，是企业迅速扩张的时期。1998年初，乐化开始实施低成本扩张发展战略，

前 言

1998年购买了昌乐县濒临破产的五家国有企业，一年内成立了13个全资子公司。2005年，针对企业经营存在的实际问题，通过股东董事会研究进行了股权重组，产权明晰，使各公司发挥优势，各自独立经营，使各公司走上了良好的发展之路。股权重组后，我召开我们山东乐化集团有限公司全体干部员工大会，虽然我们公司当时资金等方面存在很多困难，但我们企业有个"无价之宝"——"乐化"品牌，我们必须维护好、利用好，利用品牌发展。后来企业走上了稳定发展的道路。我鼓励职工："企业发展，需要有战略眼光，需要有精确的思维，还要有不懈的进取精神。我们的目标不是成为一棵大树，而是由参天大树造就一片莽莽森林。

第四阶段：从2006年到2010年，是企业快速、稳定发展的五年。在这五年时间，油漆产销量达到9.2万吨，企业步入平稳高速的发展快车道。

第五阶段：从2011年至今，我们在继续快速发展的基础上，谋划企业未来发展转型，着力于贸易旅游一体化发展，投资建设企业总部，大力发展以贸易、旅游、服务产业为主的总部经济，走绿色发展的创新之路。

乐化集团辖有以下公司：

核心子公司——山东乐化漆业股份有限公司，是目前全国产销量最大的油漆、涂料生产企业。主导产品"乐化"牌油漆、涂料已达十八大类2000多个花色品种，年生产能力达到20万吨。公司通过ISO9001质量体系认证、ISO14001环境体系认证、OHSAS18000职业健康安全体系认证和ISO10012计量体系认证，产品畅

销全国20多个省、市、自治区，并出口到俄罗斯、韩国、朝鲜、蒙古、孟加拉等国家。公司产品营销体系完善，在全国设立了200多个办事处，产品的市场占有率在同行业中稳居前列。"乐化"牌油漆、涂料先后获得"山东省著名商标""山东名牌产品""国家免检产品（2003~2006年）""中国驰名商标（2008年获得）"等荣誉称号。

青岛乐化科技有限公司，位于风景秀丽的青岛城阳新材料工业园内，是依托青岛高新材料研究重点试验室建立起来的一所高新技术企业，是集团公司的科研、中试、技术服务、人才培养基地。

山东乐强国贸有限公司，由山东乐化集团于2014年2月投资创办，位于山东省昌乐县城，依托乐化集团在全国设置的200多个销售网点、办事处及覆盖全国的物流系统，加之与十多个国家的贸易往来优势，为昌乐县国际商会会员企业打造一个覆盖全国、面向世界的贸易平台，秉承诚信、公平、质量、效益的发展原则，以"买全球、卖全球"为发展目标，主要经营国际贸易、房地产开发、旅游、服务等项目。

寿光鑫乐化工科技有限公司，地处中国最大的海洋化工产业基地——山东潍坊滨海经济技术开发区，专业从事环保型油漆助剂系列精细化工产品的深加工开发、生产和销售，集生产、经营、贸易于一体。

回顾乐化30年来的风雨历程，有坎坷、磨难，也有成功、辉煌，有鲜花、掌声，也有艰辛、泪水。我内心可以说是酸甜苦辣五味杂陈，感触颇多。

前　言

第一，在企业发展的每一个关键时期，特别是在困难时期，乐化都离不开党和政府以及社会各界的支持与帮助。我们创造了价值，绝不能忘记党委、政府和社会，今天的成果和声誉，以及获得中国驰名商标等荣誉称号，离不开全体乐化人的奋力拼搏，更离不开社会各界的广泛认可和大力支持。

第二，在企业发展的各个阶段，我们始终有一支"乐化在我在，乐化有我有，乐化昌我荣"的干部职工队伍，正是大家团结一心做人做事，才拥有了今天的发展成果。非常感谢这些年来始终理解我、支持我的不离不弃的乐化人。

第三，不忘曾经在乐化共事过的人。他们曾经为乐化的发展积极献计献策，也日夜思念着乐化，虽然他们之中也有极少数人不理解我们，但我认为不理解只是暂时的，以后慢慢就理解了。所以我经常说，离开了的员工，我们不要忘记他们，无论何时，如果他们想再回到乐化，我们还是非常欢迎，我们的大门永远为他们敞开。我们看人要看人的长处，发挥其长处，不能总看别人的短处。一路走来，没有乐化这个平台，也就没有他们的发展，是乐化培养了他们；另一方面，他们也为乐化的发展做出了贡献，我们乐化的发展有他们的一份功劳，我们不会忘记他们。

第四，我还要感谢市场，特别是那些认可我们、信任我们，放心使用我们产品的五湖四海的消费者。

第五，我还要感谢改革开放这个伟大的时代，我和我的企业可谓生逢其时，是这个伟大的时代，让我们从

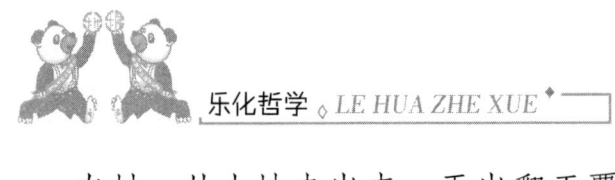

农村、从土地走出来，干出翻天覆地的事业。这个时代造就了千千万万的弄潮儿，时代给了我们胸怀、眼界和机遇，时代造就了中国大地上的企业雨后春笋般生长壮大。乐化，就是其中之一。

  弹指一挥间，30年过去了，让我们一起走进一个新时代。

CONTENTS 目录

■ **第一章　磨难是人生的财富 / 001**

001　我们最应该感激谁？
003　13岁，挑起家庭重担
005　1990年，浴火重生凤凰涅槃

■ **第二章　机遇来自诚心 / 010**

010　"门植一棵槐，不挣自个来"
012　功夫不负有心人
016　精诚所至，金石为开
020　低成本扩张寻找新机遇
024　机遇，"能成天下之务"

■ **第三章　上下左右的管理之道 / 026**

026　管理不分大小，都要秉持公心
029　如何对上：一学，二借，三落
031　对下管理服务，左右平衡协调
032　家族式企业里的亲情管理：合久必分
035　韩国客户的勤俭细节

I

第四章　塔型管理 / 039

039　不同层级的权力和责任
043　站在塔顶的决策者应该干什么？
046　塔型管理要刚柔相济

第五章　市场就是自己找饭吃 / 049

049　计划经济下坐等分配，市场经济下创造创新
052　贸易创造价值也是供给侧结构性改革

第六章　立体构建企业文化"软实力" / 058

058　我心中的人才：自胜自强，厚德载物
061　科技兴企：抢占行业竞争的制高点
064　品牌战略：诚信、专业、细心、共赢
068　企业理念：实业兴国，融于世界

第七章　乐化"配方"的秘诀是实事求是 / 072

072　实事求是地正视成败
074　实事求是让我受益匪浅

第八章　千头万绪中抓住主要矛盾 / 078

078　抓主要矛盾关键在于统一思想
080　敢于否定自己，但不要轻易否定目标

目 录

■ **第九章　人生需读三本书** / 082

082　梦想、幻想、理想、现实
085　"活到老，学到老，七十八十才学巧"
089　读万卷书和行万里路

■ **第十章　履职但求为黎民** / 094

094　身在基层，心系民生
101　所提议案没有一件是为了乐化自身利益
106　最关注医疗和教育
109　始终忘不了农村这片厚土

■ **第十一章　过去靠闯劲，现在靠法治** / 113

113　法治成就人的道德品质
115　政府要依法行政，企业要依法经营
120　不向领导要特权
126　管理人员要做到"三学"

■ **第十二章　忍让的人品德高尚** / 135

135　母亲教给我的做人原则
140　人生有三拼
143　劳动创造价值
146　耻辱与光彩

第十三章　奉献社会，反哺乡亲 / 150

150　企业家要为职工的将来尽责
154　"广度一切，犹如桥梁"

第十四章　每个人都有自己的梦想 / 159

159　最艰难的时候去延安寻梦
162　从土、水、阳光和空气看群众观点
164　孙悟空为何跳不出如来佛的手掌心

第十五章　向绿色发展转型迈进 / 170

170　最担心企业品牌的长久生命力
173　三代企业家的成长之路
176　乐化的未来：打造贸易旅游服务一体化的总部经济

附：乐化集团大事记 / 189

后 记 / 198

第一章　磨难是人生的财富

我们最应该感激谁？

"落红不是无情物，化作春泥更护花。"这句诗说的是感恩。

滴水之恩，涌泉相报；衔环结草，以报恩德。感恩是一种处世哲学，也是生活中的大智慧。

我们传统文化中，特别弘扬感恩。被写入二十四孝之一的孝子王裒的故事，就发生在我们昌乐，发生在离我老家几十里的一个村子。我从小就被这些宣传孝道和感恩的民间故事哺育着、滋养着，在内心里早早埋下了感恩的种子。

我也很早就听大人讲，淮阴孤儿韩信靠在淮河边钓鱼为生，经常因为钓不到鱼而饿肚子，一个漂洗丝絮的老大娘见他可怜，经常把自己的饭分一半给他吃。韩信承诺：日后发达，必定感谢她。大娘生气地说："大丈夫不能自己维持生活，我因可怜你才给你饭吃的，哪里指望回报？"韩信后来成为楚王，特地找到当年的漂絮大娘，送给她一千金酬谢。这些故事，都是弘扬感恩。

我们的生活，正是因为有了感恩，所以显得幸福和快乐。怀有一颗感恩的心，你会深切懂得：你为这个世界付出了多少，这个世界就会回报多少。

就像一首歌里所唱的："感恩的心，感谢有你，伴我一生，让我有勇气做我自己。感恩的心，感谢命运，花开花落，我一样

会珍惜。"

有一次在青岛,我和经历极为相似的表弟进行了一次深谈。

我们谈到一个话题:感恩。

我问他:这一辈子,我们最应该感激谁啊?

表弟说:当然应该感激父母,还有什么比养育之恩更大的啊。

我摇摇头,随即陷入深思。

表弟不解,反问我:父母养育之恩是大恩大德啊,难道不应该感激吗?

我说:

养育之恩当然是大恩大德,当然应该感激。父爱如山,母爱似海,父母抚养我们长大极为不易,"谁言寸草心,报得三春晖",父母的恩情是难以回报的,我们对父母应该永存感恩之心。长大成人的我们,也应该既孝且顺,让父母过得开心、快乐。留在父母身边工作、生活的,应该随时随地关心照顾父母;在外工作的儿女,应该经常和父母联系,有空时常回家看看。当父母老了,我们要牵着他们的手,陪着他们慢慢地走,就像儿时父母牵着我们的手。

但我考虑的是,生而为人,都有父母,都自然地接受了父母的恩泽,当然应该报答父母的养育之恩,这是感恩二字的本意。但如果仅仅将感恩理解为对父母的回报,还是过于浅显;我想得更多更深的是:我们更应该感激的,是我们受的苦、受的磨难。应该感激苦难让我们成长,应该感激苦难让我们成熟。苦难的记忆,有时像压舱的石头,深刻而顽固地沉于心底,却又能保证我们迎击风浪,安全航行。

学会感恩,是人生的一门必修课。

第一章 磨难是人生的财富

13岁，挑起家庭重担

"一个人并不是生来要给打败的。你尽可把他消灭掉，可就是打不败他。"美国作家海明威在名作《老人与海》中写下了这句话。我后来每次读到这句话时，都感叹自己的人生风雨征程。

1957年8月，我出生于昌乐县红河镇。红河镇历史悠久，有丰富的人文资源。境内肖家河遗址，是集大汶口文化、龙山文化、岳石文化直至商文化遗存为一体的聚落遗址，现存面积约2万平方米。镇域内主要河流有汶河、红河、清水河、九曲河等，西邻高崖水库。潍红公路、唐荆公路穿境而过，距潍坊机场、胶济铁路、高速公路、309国道均约40千米。

我这个8月出生的属鸡的，应该不愁米不愁糠，但现实生活却极为艰难。

我少不更事时，父亲就驾鹤西去，永远地长眠在了红河镇肖家庄。1960年我随改嫁的母亲来到了平原乡的葛家滩村，两家人合成一家人。

我经常是吃了上顿没下顿。愁苦的继父，常常在门前吧嗒着烟锅长吁短叹。

我吃糠咽菜，还得腾出时间拾柴火，穿着破旧自不待说，童年的生活苦似黄连。

后来，我才知道，当时受苦受难的，不只是我这个小不点，整个中国农村，农民都在受煎熬，史称"三年困难时期"。

又熬过了几年之后，13岁的我不得不辍学了。

父母有病，弟妹尚幼，家里就数姐姐和我能干活了。小小的我无奈地挑起了家庭的重担，拾柴、担水、推车、压碾、浇园、

锄地、当猪倌、运土肥……生活的艰难，让我不得不过早地谋生，开始了"穷人的孩子早当家"的劳作。

后来，读了作家浩然的小说《艳阳天》，其中好多地方写的就是我们昌乐的生产和生活。1960年，著名作家浩然以俄文《友好报》记者的身份，下放到昌乐县城关公社东村大队劳动锻炼，历时八个月。在此期间，他还担任了东村首任党支部书记。那是一个艰苦的年代，浩然除了与其他下放干部一样下地劳动，还要跟队里的干部一起出主意，想办法，组织群众生产自救。他把自己当成东村的一员，完全融入群众之中，与乡亲们一起春种秋收，一起吃苦受累，一起忧虑和欢乐，把心紧紧地连在了一起。他还远去离东村上百里的高崖水库工地，在那里抬土筑坝，走访群众，编写水库史。艰苦的劳动和工作之余，他一面坚持写作，一面与昌乐文学爱好者广泛接触，播撒文学的种子。

后来浩然说："昌乐人把丰富的生活素材给了我，把聪明才智给了我，把为人处世的正直和淳朴给了我，也把昌乐这块宝地的灵气给了我。从秋天收割大豆的时候起，我就忍不住地写起来，一直写到北京。一年多的时间，我发表三四十篇小说，接连出版了两本书。离开昌乐整整两年之际，我动笔写我的第一部长篇小说《艳阳天》。小说里的麦收情景，都是我在东村亲身经历的，书中有许多给读者留下深刻印象的人物形象，尤其是不要国家救济、偷着吃野菜的饲养员马老四，写的都是东村人，都有东村的人物原型。"

生活的苦难，从来缺少艳阳天，多的却是暴风雨。但生活的苦难让我成长，给我智慧。随着岁月的流逝，我不仅不怨恨苦难，反而感激这样的苦难，感激带给我磨难的家乡。

第一章　磨难是人生的财富

1990年，浴火重生凤凰涅槃

我遭受的最大的磨难，是1990年工厂发生的一场爆炸。

1990年7月15日，我们乐化人永远都忘不了的一天。

上午10点钟，随着一声沉闷的爆炸巨响，以加工半成品勉强度日的乐化油漆厂很快被一米多高的熊熊火浪吞没了。事故起因于鼓风机电路火星引爆树脂锅内逸出的气体，继而发生爆炸起火。

12个正在试验的人员6个被烧伤，最严重的烧伤面积达到93%，所有试验设备毁于一旦。

我从窗户跳到了外面，听到屋里有人叫，又跳进去抢救，把严重烧伤的工友背了出来。

我的双腿烧成重伤，浑身都是拳头般大小的燎泡，烧伤面积达47%。

也许是心灵感应。出事这天，我的姐姐就感到火烧火燎，憋闷难受，脱口而出："不好，怕是孝业出事了……"泪水止不住地流了下来。

我与姐姐感情很深，她比我大6岁，从小对我就很关心，打猪草，总是先给我装满后自己再装，免得回家被父亲埋怨。遇到小伙伴欺侮，个子矮的姐姐总是冲上来保护我。我长大后，姐姐帮助我一路成长，直到我娶妻成家，这才出嫁。自从我搞起了油漆厂，她更是隔三差五带些鸡蛋、油饼来厂里看我。

这场大火，让我们刚起步的厂子毁于一旦，爆炸后的工厂，一片凄凉。

躺在潍坊人民医院的病床上，我吧嗒吧嗒地掉眼泪，茶饭不思，寝食难安，精神几乎崩溃了：老天，你真是不长眼呀！想方

设法建起的工厂，企业还没搞上去，却出了这么大的事故，自己残了废了倒也罢了，万一烧成重伤的工友保不住了，我怎么见老少爷们、婶子、大娘、乡里乡亲？

乡里领导请来了济南烧伤医院最好的专家，来为我会诊，决定采用"湿疗法"。每天，我和工友们被抬到碘盐池里清创，然后敷药。灼痛如针刺一般疼，但伤口的溃疡止住了。工友度过了死亡线，我的腿也慢慢恢复了功能。

福无双至，祸不单行，刚刚出院的我，又染上了黄疸肝炎，不得不住进乡医院，心里的那份灰心、懊恼、沮丧和落寞可想而知了。

面对着那些被烧烂的设备、倒塌的厂房，许多人断言，这家企业如同那些自生自灭的小厂一样，彻底没戏了。

我的企业真的从此完了吗？我躺在病床上严厉地拷问自己，内心深处经历着一场激烈的搏斗。

工厂爆炸发生后，乡党委书记王明亭同志前来看望我。他不仅带来党和政府的问候，还带来了全镇人民的捐款捐物。

"孝业，精神上千万别倒了，企业需要你呢！"王明亭书记本来想劝慰我，但看到我和同事们的惨状，他自己早已经泣不成声了。

兄弟单位和各村里的朋友纷纷来看望我。

躺在病床上，我的心里慢慢涌上一个坚定的念头："我不能退缩，我要爬起来；不仅要爬起来，而且非要干出个样子来不可！"

在上级领导的鼓励支持下，我拄着拐杖一颠一跛地来到了被烧焦的废墟之地。

梦中无时无刻不想念厂子，牵挂厂子，多么希望走到这伤心之地来看一看，哪怕在门口、在厂里站一站也好。

厂区分外沉寂，花坛的松树死去了，野草深深，一派凄怆。迎接我的只有看门的老头和一位做饭的妇女。

在西边的车间，房子早已坍塌，只有一口埋在地下的大罐还在。

就在这时候，一方奇景吸引了我：在密密杂草的烘托之下，一根竹竿的顶端正放射出耀眼的光芒，走上前仔细一看，那光鲜耀眼的东西，不正是我们苦苦追求的树脂吗？

真是奇迹！我突然记起半年前树脂漆投产时，有一家保险公司前来检查，就是用这根竹竿在罐底搅了搅，留下上面的脂痕。

我一下子觉得阳光和希望来了：杂草托起的岂止是一根竹竿？这是一根旗杆呵，呼唤我去重新集合人马，"待从头，收拾旧山河"，一定把企业红红火火地干起来！

我的腿不能站，便坐在凳子上岔着脚指挥：把院子里的草割掉，让厂子像个样！把库存的汽油卖掉，换成生产资金！大罐内落了雨水，加点汽油搅动一下，让树脂飘上来，抽出来上市！做四吨漆，卖点儿钱，让大家欢欢喜喜过个年！

治愈了的受伤职工也都重新回来了。劫后余生的人们心里有着一股特殊的感受，彼此间的凝聚力非常强，昼夜奋战，仅仅3个月，一个新厂又重新矗立在废墟上。

与此同时，有关我"败家"的谣言也像蝙蝠一样四处乱飞。

本来，我已经元气大伤，又要应对流言蜚语。爱人见我年纪轻轻便落了残，又整日里愁眉不展，流着泪劝我："孝业，这厂长咱不当了，回家来种地吧，什么也比不上平平安安的强啊！"

回想几年多时间里发生的一切——受骗、遭陷、失火、肝病、家庭的不幸以及社会的中伤，我感觉实在挺不住了。当王明亭书记亲自带车来接我时，我却嗫嚅着说："我干不了，我不干

了……"

"什么？"王明亭书记大声问："再说一遍。"

"我不是不干，是怕身体承受不了。"我只能以此推托。

王明亭书记说："厂长是你来当，有什么事我还在帮你担着，同时加派经委主任当书记，就这么着吧！哪有共产党员被打倒的道理呢，希望就在失望和绝望的后面。雾已经散了，太阳就要出来了……"

我也不好再说什么了，只迸出一个字："干！"

法国作家罗曼·罗兰说："从远处看，人的一生的不幸折磨是有诗意的，一个人最怕庸庸碌碌地度过一生。"

在我们的一生中，肯定会有苦难和磨难，要学会用感恩的心看待它们。因为苦难和磨难强化了我们的毅力，坚强了我们的意志，让我们知耻而后勇，活出自我的精彩世界。

传说凤凰是人间幸福的使者。每过五百年，她就要背负着积累于人间的苦难和恩怨，投身于熊熊烈火中自焚，以生命燃烧的美丽换取人世间的祥和与幸福。同时，她的肉体经受了巨大的痛苦和磨砺之后，才能获得美好的重生。后人又把凤凰叫作不死鸟，用浴火重生来比喻一种不屈不挠的奋斗精神和坚强意志。1990年的那场大火，也许是天意，冥冥之中给我增添了事业上重生的勇气和信心。

孟子说："故天将降大任于斯人也，必先苦其心志，劳其筋骨，饿其体肤，空乏其身，行拂乱其所为，所以动心忍性，曾益其所不能。""然后知生于忧患，而死于安乐也。"经历了苦难和磨难之后，我对孟子的这段名言有了更深切的感受。

有一次，我正好看电视上转播金鸡奖颁奖，获得最佳男演员的是《天狗》主人公扮演者富大龙，他的获奖感言，我至今记得很清楚。他说他要感谢两个人,一个是"爱我的人,你们给了我信心!"一个是"给我磨难的人,是你们让我成长。"从他平静的感谢中,我似乎可以感觉得到他经历过的那些困难逆境。当然这些酸甜苦辣,只有他自己最知道。但是这样的感受,让我产生了很大的共鸣。

当今天我们有所成就的时候,回过头来再看曾经遭遇的困难、逆境、嘲笑、讽刺甚至辱骂、背叛,一切一切的痛苦,都在某一个时间和地点,从某种层面上帮助了我们。

我们不必在成功了以后,再来感激所受的苦,我们从遭受磨难和困苦的时刻,就应该感激它们。

感恩,就是感激生活带给我们的苦难和磨难。

第二章　机遇来自诚心

"门植一棵槐，不挣自个来"

农村推行"小包干""大包干"的时候，我除了和乡亲们一起把地种好，扩大黄烟种植面积增加乡亲们的收入，还倒腾起煤炭、化肥等生意，真正投入了商品经济的大潮中。

乡里认为我是个能人，便调我去经委当副主任兼供销科长，每月给我150元工资，这份工资当时是所有人之中最高的，每天的工作也就是迎来送往接待一些客人。

当时我30岁不到，感觉这样坐办公室迎来送往，并不是我的特长，也不是我最想做的事情，我就向上面提出辞职，出去做起了煤矸石的生意。

后来，我认识了河北唐山市一位自称会搞油漆的"师傅"，由此闯入了油漆产业这片盲区。

那时的中国，商品经济和市场的浪潮已经涌动不息，农村乡镇企业也异军突起。

农村经济的迅速发展和新的农业产品购销制度的实行，突破了原来那种计划经济和城乡分割的产业结构，使农村生产力又一次得到解放。广大农民在积极从事农、林、牧、副、渔生产的同时，开始逐步把剩余劳动力乃至筹措来的资金，向加工业、商业、运输业、服务业等方面转移。于是，以集资经营为主，并有个体、私人经营的乡镇企业迅速发展起来。到1987年，全国乡镇企业从业人数已达到8 805万人，产值达到4 764亿元，占农村社会总产值的50.4%。在兴办乡镇企业的实践中，一些地方充分利用自身优势，出现了具有不同特点的苏南模式、温州模式、珠三角模式等乡镇企业模式。乡镇企业的异军突起，不仅在发展农村生产力、提高农民收入、促进农业发展、繁荣农村经济、更新农民观念方面发挥了重大作用，而且在增加财政收入、发展出口贸易、推进我国工业化进程、培育农村市场方面做出了重要贡献。

据《昌乐县志》记载，1986年，昌乐县有乡镇企业653家，从业人员19 285人，完成产值12 578万元，实现销售收入8 444万元。

平原乡（现为红河镇平原社区）地处安丘、临朐和昌乐交界处的丘陵地带，交通闭塞，信息不灵。当江南的乡镇企业已经占据半壁江山时，这里的乡镇上竟然没有几家厂子，乡财政状况非常困难。

我通过调查了解到，偌大一个潍坊，竟然没有一家像样的油漆厂，而当时生产油漆市场大、投资少、见效快。

在乡里领导的支持帮助下，我带着12个人，斗胆贷了1万多元，在一片荒地上盖起了十几间平房作为厂房，土法上马搞起了油漆的研制与生产。

当时一心想为父老乡亲们办一个致富项目，在一无技术、二无资金、三无设备的状况下，只能土法上马，几间简陋的平房，几口黑乎乎的大锅，就是我们的全部家当。

也就在1987年4月11日这一天，被任命为厂长的我，亲手栽下了两棵五角钱买来的小槐树。

古代汉语中槐官相连。如槐鼎，比喻三公或三公之位，亦泛指执政大臣；槐位，指三公之位。唐代开始，科举考试关乎读书士子的功名利禄、荣华富贵，能借此阶梯而上，博得三公之位，是他们的最高理想。因此，常以槐指代科考，考试的年头称槐秋，举子赴考称踏槐。后来，世人庭院多种槐，目的就在于讨个吉兆，期冀、祈愿子孙幸福美满，事业有成，吉祥如意。

中国民间有句俗语："门前一棵槐，不是招宝，就是进财。"仅此一点，就足以说明槐的吉祥特性。我们当地有一个类似的说法："门植一棵槐，不挣自个来。"槐树预示着金钱和运气。

如今，我亲手栽下的这两棵普普通通的槐树，像卫士一样站立在工厂的门口，春吐新叶，夏张绿伞，秋傍芳菲，冬播傲气，显示着大自然的魂魄，佑护着乐化人的事业。

无论是顺境还是逆境，我有时会凝望着两棵槐树陷入沉思，因为，这两棵槐树不仅蕴含着我人生的许多故事，更凝结着我的全部情感，它们不仅是一种象征，更是乐化历史的见证人。

功夫不负有心人

可是，对于我这样一个还没有摸不透油漆的脾性的庄稼汉来讲，贸然杀进油漆行业，一开始并不是那么顺利。

搞油漆必须有懂技术的工程师。经人介绍，我认识了唐山市一位退休的刘师傅，他自称"搞了一辈子油漆"。我如获至宝，便把他请过来当神一样供奉着。

刘师傅住在供销社的招待所里，一大早我就去给他送饭，打洗脸水，隔三差五弄只烧鸡，拿瓶白酒去伺候着。说来惭愧，对自己的父母，我都没有这样伺候过。

第二章 机遇来自诚心

刘师傅说要"技术费""顾问费""补助费",我统统答应,不仅签了合同,还同意他安排了一个人当会计。

刘师傅说买这原料,买那配方,买这机器,买那设备,我恭恭敬敬,一一照办,没有半点怠慢。

创业初期,我把一切希望寄托在刘师傅身上,没想到在刘师傅指导下磨出的油漆,却一刷就干,一淋就掉,令人哭笑不得。

我问刘师傅怎么回事,他说要上炼油设备,也可以加上玉米油先在大锅里熬。可是,依照刘师傅指点的办法,熬出的却是一缸缸"稀粥",一堆堆焦炭……

刘师傅见势不妙,找借口推脱责任:"唐山行,你们山东不行,要求这么高的质量,我办不了……"

我一下子傻了眼。白白搭进自己一万多元生活费不说,请来了一个混江湖的,花掉的这几十万元怎么还,怎么向上级领导和父老乡亲交代?

男儿有泪不轻弹,只是未到伤心处。焦虑、苦恼、失望和委屈一齐涌上心头,三十出头的我,一下子孩子般哇哇大哭起来,来看我的姐姐怎么劝也劝不住……

有句话说得好,没有深夜痛哭过的人,不足以谈人生。

后来,我看了柳传志的一篇介绍,讲他放弃中科院的工作走上创业路的那一刻,就在不停地遭遇骗局,最初在挂着自家科技公司招牌的门口摆摊倒卖冰箱、电子表、旱冰鞋甚至运动裤衩,最初起家的20万元资本在不到半年的时间里就被骗走了14万元。1987年,深圳一家私人进口公司骗走了联想公司300万元,柳传志当时连拿板砖拍对方的心都有了,他们在"骗子"家蹲守了很长时间,最终把这笔钱追讨了回来。

每一位创业者,都走过一段艰辛之路。

被刘师傅"放鸽子"之后，我伤心之余，心犹不甘。只念过两年书的我，找来有关《涂料工艺》的九册书籍，边看边琢磨。不懂的地方，我就问别人，别人讲不明白，我就自己动手试验，锅不行用碗，碗不行用烧杯。那时的我，成天一头雾水，满面憔悴，像着了魔一样。

由于配方不准确，生产工艺不合理，我和职工一年内进行了上千次试验，搭进去几万元，却没有拿出一滴理想的产品。

当时的县委书记李光信听说了此事，便介绍齐鲁石化济南油漆厂的一位朋友给我，我赶紧去向济南油漆厂讨教。由于熟人推荐，济南油漆厂的领导热情接待了我，说："要搞油漆好办，先拿3万元技术转让费吧。"

几乎陷入山穷水尽之境的我，这时候到哪里拿得出这3万元的转让费呢？只好和济南油漆厂科研所的技术人员软泡硬磨，拉关系套近乎，穷抠个中诀窍。晚上回到招待所，我又翻开那几本书加以对照，再去慢慢吸收消化，第二天再去讨教。

功夫不负有心人，我慢慢弄懂了什么叫醇酸，什么叫树脂，什么叫黏度指标，什么叫温度控制，为什么油漆溶剂的主要配方是豆油、桐油、胡麻油，为什么熬制时不能敞着锅……

心底里的那团死灰重新又燃起来。我赶忙回到乡里向王明亭书记汇报："看来，做油漆的事有门儿。"

王明亭书记也是一个开弓没有回头箭的人，他鼓励我："世上任何事情要想成功都是要付出代价的。既然有门儿，那就掏钱去学习，先培训一批骨干。"

我风风火火地领着一行6人，正月里便出发了。走投无路的我给人家当徒弟学技术，边劳动边学习。我十分珍惜这次机会，这里探，那里问，这里看，那里听，还让6名工人下到车间去实习，学做树脂、配方、制漆工艺。为了弄清各种原料的配方，我白天用脑子记，晚上回去再翻书对照，直到眼皮实在撑不住了才上床入睡。

不看不知道，一看吓一跳。在济南油漆厂学习之后，我眼界大开，同时也气得直拍脑袋：你看人家这设备、这安装、这工艺流程，根本就与刘师傅说的不是一码事，当初怎么想不到来这里学习呢？也不至于走那么多弯路啊！

学习一结束，我就从济南油漆厂买回了一批半成品开始生产，终于生产出了合格产品，此后，靠加工半成品，小厂开始盈利。

而此时，那位曾充当我们"顾问"的刘师傅却以去搞"钢材买卖"为借口，脚底下抹油一溜了之。走了也就罢了，为了让我的制漆梦想胎死腹中，他居然恩将仇报，跑到检察院，狠狠告了我一状，说我"投机倒把，牟取暴利"。不久，检察院的同志就找上门来。现在好多年轻人可能已经不知道"投机倒把"是个什么罪名了，但在那个特殊年代，被人说成"投机倒把"，可是不得了的事情。投机倒把原意指看准时机行情，转手倒卖，以攫取暴利的非法活动。法律意义上的"投机倒把罪"概念，1979年《刑法》出台后才有。1979年刑法第117条规定："违反金融、外汇、金银、工商管理法规，投机倒把，情节严重的，处三年以下有期徒刑或者拘役，可以并处、单处罚金或者没收财产。"在体制转轨的过程中，投机倒把、投机倒把罪的内容日渐分流，一部分被"除罪"，蜕变为正常的市场经济活动；一部分被"量化"，裂变为诸多具体名目的商业犯罪。随着2009年8月全国人大常委会对部分法律的修改，以及2011年1月国务院对部分行政法规的修改，投机倒把、投机倒把罪的概念最终淡出现行法律法规体系

和社会经济生活，成为历史名词。

刘师傅的倒打一耙，真是让我屋漏遭雨，雪上加霜。已经被产品的失败折腾得筋疲力竭的我，又遇上了恩将仇报之人的莫名诬陷，当时我气得七窍生烟，面色发黄。经过据理力争，终于去掉了这莫须有的罪名，重新投入到醇酸树脂生产中去。

后来我看到刘禹锡写的一首诗："莫道谗言如浪深，莫言迁客似沙沉。千淘万漉虽辛苦，吹尽狂沙始到金。"我虽然文化不高，但也能体会到其中的艰辛：这里的浪很深啊，我所经历的谗言比浪还要深。这里的沙沉底，就像我被算计、被打压一样。我要学那在大浪中淘金的人，不断磨炼、不断努力，把渣滓都淘掉，见到人生的真金，将自己的心灵打磨成一块熠熠生辉的金子。

因为我知道，逆境中的坚守，向来是中华民族生生不息的动力之一。任何事业的成功，不仅需要上进心，还需要恒心。

我提醒自己：再难，也要坚持住，不仅不能垮，而且要等待机遇、东山再起。

精诚所至，金石为开

人人都想有好的机遇，谁都知道机遇对一个人的发展、对一个人的事业是多么的重要，但机遇从何而来？

我认为，机遇来自诚心，心诚则灵，心诚则有机遇。

1991年春天，身体刚刚恢复，我回到厂里开会。

参加会的人不多，只有六七个人，却是生气勃勃的小团体。职工小刘带来了一条重要信息：唐山的刘师傅从乐化出走后，又跑到昌乐机械厂故技重演，结果该厂购进一套价值40万元的制漆新设备，却因未能搞出产品而导致亏损，不得不下马，如今公开拍卖：全套设备售价10万元，如果一次性现金付款，8万就可以成交。

有门儿！我立即向王明亭书记汇报，乡党委立即拍板：火速成交！

我立即去银行办理8万元贷款。

银行行长顾虑较多，一开始不愿意贷款给我们。

我耐心地说服他：虽然我们现在很困难，但我从来都是诚信为先，我向你们银行借钱，说好什么时候还款，一定会按时还，砸锅卖铁也不会失信。

行长被我说动了，8万元贷款很快批了下来。

我到机械厂一看设备，激动得差点晕过去：哈哈，多么先进的机械设备，梦里头梦过好几回呀！后来有人给我讲起陆游的诗句"僵卧孤村不自哀，尚思为国戍轮台。夜阑卧听风吹雨，铁马冰河入梦来。"看到这套设备，我真的有"铁马冰河入梦来"的感觉。

成交后，我马上指挥，一边拆卸设备，一边改造厂房，几个月时间，一条现代机械化油漆生产线便形成了。

6月15日点火一试车，合格的产品流了出来。

成功了！

在当晚的会议上，我非常开心地发表了一通演说：

"就像《三国演义》上诸葛亮说的，此乃天意，天不灭曹。过去我不懂如何生产油漆，被人愚弄，不料又闯出一条路来；刘师傅害得我好苦，但我善有善报，他居然又间接送上一手便宜设备来。刚接到我们驻昌乐门市部的信息，市场油漆脱销，供不应求，下一步大家加紧生产，我就出门跑外销去了……"

时来运转，否极泰来。仅仅半年时间，我们就创利13.8万元，不仅当年就把8万元贷款还了，收回了投资，还创出了牌子。

1992年底，我第一次坐飞机，陪同县里领导率领的代表团去南方考察并做引进外资工作。

记得在飞机上我要了三份盒饭，真的是"如饥似渴"。现在想起来还有点惭愧：当时真不应该要那么多。

我在飞机上看到广州这座城市，非常震撼：那么多的高楼，那么多的建筑，该需要多么大的油漆量啊！

我还随代表团登上深圳国贸大厦的楼顶，朝香港眺望。楼宇林立的广州市容，"十天一层楼"的"深圳速度"，计算机控制的现代生产企业以及日益升温的"股票热""装修热""房地产热"，给我新的激励和憧憬。

就在回山东途中，我说了一句话让王明亭书记惊讶不已：我们也要搞万吨油漆生产规模！

由一个年产100吨的小厂扩张到1万吨的规模，资金如何调度？基建何时完成？技术、管理、市场销售能跟上么？不少人持怀疑态度，认为这步伐也跨得太大了，有点不切实际。

议论的人多了，我也有点不自信了，也有点沉不住气了，去找王明亭书记"修改方案"，准备自降指标，自我减压。

不想王明亭书记突然一拍桌子，震得茶水四溅："怎么，听到点儿风言风语就动摇信心了，打退堂鼓了？说过的话落过的雨，心想的事笃定办成，这才叫男子汉，这才叫大丈夫！"

王明亭书记几句话又把我心中那把火烧得旺起来，我立即表态："没说的，我上！"

济南油漆厂工程师提醒我们："如此大规模的企业，从建厂到投产至少得两年。"

第二章　机遇来自诚心

我说："不不不，两年太慢了，我就要半年。"

"半年能搞得成？庄户人，啥也不懂……"工程师一听，拂袖而去。

我不服输的火性子又上来了："死了郑屠夫还不吃浑毛猪了。我们自己干！"

于是我就自己设计，自己组织人安装设备，自己设计厂区、办公区、库区等规划，凡事都是凭自己的经验，结合看过的，学过的，摸索着进行。

因为文化浅，时间紧，脑子不够用，加上任务量大，我不知流过多少眼泪。

好在王明亭书记帮着跑资金，减轻了我不少负担，我专心派人跑设备，坐镇调度指挥日夜施工，半年时间如期建成万吨规模的油漆生产线。

我重请那位工程师前来验收工程质量，工程师惊得眼睛都直了："不简单、不简单，不仅速度创了纪录，而且一些大罐的安装比传统的更科学、更合理。"

8月，点火试车，五台机器一齐启动，一切都是那么规范、理想、和谐，直叫人兴奋得心脏快蹦出来！

不久传出捷报：一个"冬季战役"，全厂完成产值1 580万元，利税118万元。当年，乐化的总资产达到700万元，全省乡镇工业考核拿了个第一，全国化工企业排名榜名列第221位。

从1992年开始，我带领职工勒紧裤带，岁岁搞技改，年年迈新步，企业规模迅速扩大。

1992年，投资500万元，油漆生产能力由500吨扩大到1万吨。

1993年，投资100万元上了制桶厂，完成了产品的内部配套。

1994年，投资800万元，使油漆生产能力由1万吨扩大到2.5

万吨，形成与济南油漆厂、青岛油漆厂的三足鼎立之势。

1995年，投资300万元新上印铁、纸箱两个车间，实现了包装一条龙，同时投资1 000万元新上5 000吨豆油、3万吨豆粕加工厂，既实现产漆用油自给，又带动饲料加工业发展。

1996年，投资2 000万元进行建厂以来最大的一次技术改造，新上树脂、制漆、热煤炉3个分厂，使制漆规模扩大到5万吨，当年产量已占山东省制漆量的50%。

1997年，投资2 000万元新上3万吨乳胶丙烯酸涂料生产线；1998年，投资1 000万元建成铁路专运线，降低了运输成本。

1997年，乐化油漆生产能力已达到8万吨，并形成了产品配套的集团化生产经营格局，不仅奠定了乐化"齐鲁漆王"的地位，而且跻身全国同行前列。

就在此时，我审时度势，及时对企业管理模式进行了改造，成立了"山东乐化漆业股份有限公司"。

低成本扩张寻找新机遇

企业由小作坊成长为大集团，并不是生产能力的简单叠加，而是资产的优化，生产要素的重组，管理从传统到现代的转变。一个企业要在市场上立于不败之地，必须不断扩大规模，开发新品，才能具有活力。为此，乐化时时自我加压，努力超越自我，向自己的极限挑战，向同行业领先迈进。

短短10年，乐化集团就实现了梦寐以求的跨越。在许多人看来，我完全应该松口气，享受一下奋斗成果。可是我深知，不进则退，不发展就是退步。我筹划新的发展思路：由生产经营型向资本运营型转变，利用集团资金、管理、品牌等优势，抓住国有企业改革的时机，打破地区、行业、所有制界限，通过购买、合资、控股等形式，以较少的资本投入，控制和利用大量的社会存量资产，实现企业规模的低成本快速扩张。

这一超前的思路，拉开了乐化集团"二次创业"的序幕。

江西南昌制漆厂是一家40年历史的国有企业，工艺、设备先进，技术力量雄厚，但由于机制原因，企业难以为继。1997年底，乐化集团投入600万元控股经营，控制了4 000万元的资产，组建了乐化集团南昌乐昌涂料有限公司，仅一个月，就成功将企业启动，产品迅速占领了市场。

控股南昌制漆厂的成功实践，拓宽了乐化进行资本运作的思路。多种形式运作资本、盘活存量资产成了这段时间乐化集团发展的主旋律。

低成本扩张是指在少支付甚至不支付购并成本的情况下，获得目标企业的控制权。这里的低成本是相对于目标企业的实际净资产而言的。如果目标企业在购并之前就已资不抵债或资产与负债基本相等，本来就不存在支付买价的问题，其狭义的购并成本仅指交易费用。只有当目标企业的资产大于负债，存在净资产的情况下，"低成本扩张"才有实际意义。

对于实施低成本扩张的企业，其意义在于迅速实现规模经济、扩大市场份额、寻找新增长动力；而对于被并购的企业来说，不失为企业走出困境开拓新市场的出路；对于政府和社会来说，低成本扩张是资源的优化重组，能够减少资源浪费，增加社会产值。

建于1954年的昌乐县白铁合作社，1955年改称昌乐县五金社，1972年改称昌乐县五金厂，为集体所有制企业，以生产白铁为主。20世纪七八十年代，昌乐五金厂曾辉煌一时，那时候不论

何种场合，在昌乐五金厂工作的人，都会自豪地向人夸耀"我是五金厂的"，五金厂的宿舍区，属于昌乐城里第一座家属楼，五金厂福利的确令人羡慕。那时许多人都知道一件事：有一位女教师，就是在70年代末嫁给了五金厂一个技术员（或工人），来回小轿车接送，那个排场让许多待嫁的姑娘眼馋。1985年12月，昌乐县五金厂有职工550人，设备200多台（套），固定资产381.7万元，完成产值820万元，实现利税155万元。1998年，投资25万美元引进丹麦高速制钉机，同时生产镀锌铁丝、镀锌铁钉、镀锌钢钉等系列产品。1998年，由于企业产品附加值较低、负债较大，生产困难，乐化公司以抵贷转售的方式，拿下来了五金厂的100多亩地，更名为山东乐化集团昌乐乐化五金制品有限公司。

后来乐化公司还以1 200万元购买了宝都酒厂，以300万元购买了昌乐县拖车厂及其名下的80亩土地。

昌乐县酒厂建于1958年，1993年更名为山东昌乐宝都酒厂，系国家中型企业，有职工850名，占地11亩，固定资产3 800万元，年产饮料酒1 500吨、30多个品种。1998年12月，我们以抵贷转售的方式购买该厂。

昌乐县拖车厂建于1970年，占地150亩，建筑面积3万平方米。1988年，成立昌乐县东岳汽车公司，与县拖车厂一个企业两块牌子，是国家定点的山东省汽车总公司系统内企业，主要生产"东岳"牌汽车改装车。1993年，拥有固定资产687万元，职工381人，其中各类专业技术人员23人。1994年，县东岳汽车公司与县矿山机械厂汽车车间合并，与县拖车厂分离，实行独立核算。1996年，县东岳汽车公司与县矿山机械厂汽车车间分离。1999年，我们以抵贷转售的方式购买县拖车厂。2000年2月，县拖车厂依法破产。

第二章　机遇来自诚心

昌乐县正本包装股份有限公司，原称昌乐县包装制品厂，建于1988年10月，1992年改制为内部职工持股的股份制企业，有职工250人，固定资产470万元，占地33亩，建筑面积4 750平方米，年生产四大系列25个品种标准袋1 000万条，1999年抵贷转售给我们，2000年2月依法破产。

当时的低成本扩张，乐化公司秉持"三不要"的原则：债权不剥离的不要，区域不合适的不要，人员不剥离的不要。

坚持"三不要"的原则，目的在于构建清晰的产权，以利于企业轻装上阵，实现长远发展，从而对社会做出更大的贡献。这一过程中，乐化毅然承担起社会责任，在1998年企业低成本扩张过程中，乐化集团先后对县五金厂、县正本包装厂、县磷肥厂、县酒厂、县拖车厂等五家国有、集体困难企业进行控股或买断经营，盘活国有资产6 000多万元，安置职工1 300多人，在新接管企业无效益的情况下，依然这些职工发放福利600多万元，相应减轻了政府的负担。

在低成本扩张过程中，乐化公司的策略是实事求是，量力而行，克制非理性过度扩张的冲动，合理选择适度的扩张规模，注意与新市场环境相伴而生的各种隐形费用上升、效率下降等高经营成本问题。

租赁启动了停产多年的县五金厂，乐化开始形成了以油漆带五金、以五金促销售的体系；2000年5月，投资190万元购买县包装制品厂，新组建的塑编厂仅用5天就正式启动运转；6月，投资2 000余万元的潍坊乐化长乐铝塑制品有限公司开工建设……短短一两年时间，乐化集团投入7 000万元，盘活了1亿多元的存量资产，解决了1 500余人的就业，拉动了全县二、三产业的发展。

面对我国即将加入WTO带来的机遇和挑战，乐化公司审时度势，作出"超前介入、建立窗口、迎接挑战"的决策。乐化在省会济南成立了山东乐化经贸有限公司，不到一年，该公司已完成出口创汇额600多万美元。

与此同时，在上海浦东成立了上海乐化科技发展有限公司。

济南、上海两家公司的成立，为集团公司由单一生产型向国际、国内商贸型的转变奠定了良好的基础，为参与国际市场的竞争，积累了丰富的经验。

运营资本、运营品牌，不仅为集团内部资产的流动和重组拓展了广阔的空间，更重要的是，为乐化集团培植起了一个个新的、潜力巨大的经济增长点。

机遇，"能成天下之务"

从创建企业开始，乐化碰到和把握住的最大机遇，就是计划经济向市场经济的过渡这一难得的转折。如果固守计划经济的思维，既看不到机遇，也不愿意去分析、创造和抓住机遇，市场则需要强烈的机遇意识。

1990年，邓小平同志就谈到，世界上矛盾多得很，大得很，一些深刻的矛盾刚刚暴露出来。我们可利用的矛盾存在着，对我们有利的条件存在着，机遇存在着，问题是要善于把握。我们要利用机遇，把中国发展起来。1991年，他又指出，现在世界发生大转折，就是个机遇……我们不抓住机会使经济上一个台阶，别人会跳得比我们快得多，我们就落在后面了。1992年初，邓小平同志在南方谈话中讲道，要抓住时机，发展自己，关键是发展经济。

第二章 机遇来自诚心

曾经在昌乐工作的一位领导同志,给我讲过一件事,有一次他听到一个消息,有一个搞饲料加工的上市公司老板,要经过济南中转,去邻县考察。他就及时派招商局长早早地等候在机场,一看到这个人下了飞机,马上拉到昌乐去了,后来项目就落到昌乐了。类似的事例很多。这就是抢抓机遇。

2017年6月,李嘉诚先生在汕头大学毕业典礼上曾说,在高增长机遇巨浪中,愚人见石,智者见泉。他还提醒:因循的并发症是不思不想和无感无知,在人工智能时代中肯定过不了关;驾浪者的基本功,时时刻刻要灵敏、快知快明。李嘉诚先生说的也是机遇。也是在这一典礼上,我们山东的作家莫言说,过去40年,中国社会产生了巨大的变化,创造了人类社会发展史上的奇迹,在未来的40年里,中国将发生什么样的变化,谁能想象出来,哪怕千分之一,也必将占尽先机。变化就是机遇,变化越大,机遇越多,希望同学们抓住机遇,敢想敢干,既要有鸿鹄之志,又要实事求是。

机遇之"机",最重要的是指事物之转机、枢纽、要害。如《易经·系辞》中说:"唯几也,故能成天下之务",讲的就是时机对于事业成败的关键作用。古人讲机遇,也强调"故善战者,求之于势"。

邓小平认为,世界发生大转折,就是个机遇。许多机遇来自经济、政治、文化、社会等重大转折和突发事件中。在特定的条件下,不利因素中包含机遇。实践证明,机遇更属于那些居安思危,在忧患中善于、敢于并乐于迎接挑战的人,机遇偏爱有准备的人。从某种意义上说,机遇意识就是战略意识、前瞻意识,"顺时而动""因机而发",不断增强捕捉机遇的敏锐性,提高把握机遇的自觉性,也是一种"志存高远"的精神境界。

第三章　上下左右的管理之道

管理不分大小，都要秉持公心

13岁辍学后，我就当了"半劳力"，渐渐地又成为"整劳力"，当了记工员，又当了队长，操持着一个180人村庄的生计。

虽然我与乡亲们全身心地投入到农村生产、经济发展中，可是辛辛苦苦一年忙到头，大伙儿也才分到几十块钱，年复一年过着"雨天无柴烧，糠菜半年粮"的苦日子。

困境迫使我开始思考如何带领乡亲们改变境遇和命运。

之前，我们生产队全年只种一茬地瓜，我当队长之后，发动大家，改为一年两季：一季小麦、一季玉米。劳动量虽然增大了，但首先让大家有饭吃，有柴烧。

生计问题解决了之后，我又鼓励人家扩大黄烟种植面积。

西瓜，黄烟，棉花，由于种植面广、量大、效益好，成为昌乐县内三种主要经济作物，特别是种植黄烟来钱快，经济价值很明显。我带领乡亲们扩大黄烟种植面积后，大家很快有了钱花。

不过，这时的农民，还是习惯于出工不出力，熬日子混日子的平均主义现象比较普遍。我知道，作为队长，我只有带着大家干，才有出路。

当我带着乡亲苦苦寻找生计和出路时，事实上，中国农村已经酝酿翻天覆地的变化，我有幸见证并投身于这一伟大的变革时代。

第三章 上下左右的管理之道

1978年12月，具有历史转折意义的党的十一届三中全会召开，毅然把全党全国的工作重心转移到社会主义现代化建设上来，果断作出了改革开放的伟大决策，勇敢坚定地开辟建设社会主义的新路，农村改革的序幕也就此拉开。1979年9月，党的十一届四中全会通过了《关于加快农业发展若干问题的决定》，开始允许农民在国家统一计划指导下，因时因地制宜，保障经营自主权，发挥他们的生产积极性。1980年9月，中共中央下发《关于进一步加强和完善农业生产责任制的几个问题》，肯定了包产到户的社会主义性质。到1983年初，农村家庭联产承包责任制在全国范围内全面推广。截至1983年底，全国农村实行包产到户的生产队已达到99.5%，形成了以家庭承包经营为基础、统分结合的双层经营体制格局。

当生产队长的时候，我从带着大家干，到鼓励大家分开干，到推行家庭联产承包责任制、实行包产到户，再到"三提五统"（指村级三项提留和五项乡统筹）。

生产过程中，我体会到，所谓管理，一是要调动每个人的积极性，每个人的劳动时间由他们自己决定，如果混日子，那混的是自己的日子；二是要给农民看得见的利益，让他们有目标、有收益；三是要科学种田、依靠科技种田，变一季为两季、扩大黄烟种植面积，都是依靠科技种田。

邓小平同志说，革命是解放生产力，改革也是解放生产力。现在想起来，我们当时就是这样做的，就是在解放生产力，发展生产力。

1984年10月，党的十二届三中全会比较系统地提出和阐明了经济体制改革中的一系列重大理论和实践问题，确认我国社会主义经济是公有制基础上的有计划的商品经济。此时的农村，

政社分开体制开始建立，在取缔人民公社的前提下建立起乡镇政府。

也是在这一年，我参加村委会主任直选，和其他人公平竞争。

我在竞选演讲中表示，如果能当选，我一定带领大家共同致富，一定会做到公正公平，一定会讲公心。

我很早就注意到，即使在大家普遍受穷的时候，村里有三类人还是相对富裕，一是物资保管员，二是会计，三是村干部。为什么？因为他们都有一定的管理经验。

我就琢磨，如果我能当选村委会主任，一定借鉴这三类人的长处，学会管理，带着大家共同富裕，而不是考虑自己如何富裕起来。

在大家的推举下，27岁的我，当上了村委会主任。

我履行了承诺，秉持公心。

有一次，一位村民为了能得到一块宅基地，带了一块肉和一瓶老白干送到我家。这在当时算是"厚礼"了，我马上拒绝了他，并推心置腹地告诉他：能不能得到宅基地，要按政策，我当村委会主任，要按政策办事，要有公心，我不能接受你的礼物。

虽然我拒绝了他的"厚礼"，但是按当时的政策，他仍然得到了那块宅基地。

十几岁的时候，我在村集体养猪，虽然当时家里穷得已经揭不开锅，但我从来没有将用来喂猪的粮食拿回家，因为我从小就认为，公是公、私是私，不能以公谋私、损公肥私。

我们那个时代受的教育，是京剧《龙江颂》中江水英唱的："毫不利己破私念，专门利人公在先。有私念近在咫尺人隔远，立公字遥距天涯心相连。"当时我还不知道"吏不畏吾严而畏吾廉，民不服吾能而服吾公；公则民不敢慢，廉则吏不敢欺；公生明，廉生威"等道理，但凭自己朴实的想法，凭自己的良心和悟性，就知道干部再小，也要有公心；有了公心，就会廉洁自律。

后来有人讲了我们山东的一则故事。公仪休是鲁国的博士，由于才学优异做了鲁国国相。有位客人给他送鱼上门，他不肯收纳。客人说："听说您极爱吃鱼才送鱼来，为什么不接受呢？"公仪休回答说："正因为很爱吃鱼，才不能接受啊。现在我做国相，自己还买得起鱼吃；如果因为今天收下你的鱼而被免官，今后谁还肯给我送鱼？所以我绝不能收下。"

习近平同志曾要求基层干部心中要始终装着老百姓，先天下之忧而忧，后天下之乐而乐，做到不谋私利、克己奉公。他还强调，作为党的干部，就是要讲大公无私、公私分明、先公后私、公而忘私，只有一心为公、事事出于公心，才能坦荡做人、谨慎用权，才能光明正大、堂堂正正。作风问题都与公私问题有联系，都与公款、公权有关系。公款姓公，一分一厘都不能乱花；公权为民，一丝一毫都不能私用。领导干部必须时刻清楚这一点，做到公私分明、克己奉公、严格自律。

那个年代，我当然不可能知道习近平同志后来对党员干部提出的关于公和私方面的要求，但我很小的时候就做到分清公私，不能贪公肥私。这一原则，我始终作为人生信条之一。

如何对上：一学，二借，三落

经营管理一家企业，总是要处理对上、对下和与左右的关系。对上是应对，对下是驾驭，左右是协调。

对上是应对，不是应付。如何应对，我总结为三个字，一是学，二是借，三是落。

对上面的要求，全面学习，抓紧吃透精神，掌握要求。

怎么学最快？取长补短，借鉴学习。借鉴别人，是中国人的智慧，高铁就是最好的借鉴。

我国高铁的发展，从2008年开始坚持"引进技术消化吸收"与"自主创新"两条腿走路，在引进消化吸收再创新的进程中，将核心技术学到手，用到位，以技术升级带动产业升级，变追赶为引领，最终形成企业自身的核心竞争能力，这成为我国高速铁路协同创新体系成功运行的宝贵经验。近年来，中国高铁吸取百家之所长，不断钻研与实践，现掌握的核心技术已领先世界水平。特别是中国南北车合并后，高铁的牵引、制动、网络、车体等核心技术及其辅助技术进行了共享，并能做出相应的技术创新，在不同的技术条件、区域特征、气候条件构建高铁，并进行运营维护经验的共享，进一步促进了中国高铁技术的整体发展。高铁已经成为新时代的"四大发明"之一。

我国高铁起步晚，底子薄，曾几何时，没有人看好中国高铁，甚至认为中国大规模建高铁无异于天方夜谭。但如今，中国已经成为世界上高速铁路建设运营规模最大、技术最全面、管理经验丰富的国家。截至2015年底，我国高铁的运行时速为300千米。这是波音飞机起飞的速度。截至2016年底，我国高速铁路里程超过2.2万千米。这是排名世界第一的成绩。中国高铁具备了低成本高质量生产大量零部件的能力，也具备了"走出去"的能力。

落就是落实。

有一副对联，上联是"你开会我开会大家都开会"，下联是"你发文我发文大家都发文"，横批是"谁来落实"，这是对不落实的讽刺。

如果落实工作抓得不好，再好的方针、政策、措施也会落空。毛泽东同志曾经强调，什么东西只有抓得很紧，毫不放松，才能抓住，抓而不紧，等于不抓；邓小平同志强调凡事都要落在实处；习近平同志指出，一分部署，九分落实。

抓落实，是把决策变为人们的实践行动、由认识世界到改造世界的过程。抓落实的过程，必然会遇到许多矛盾和问题，只有努力解决好各种矛盾和问题，才能把落实工作真正抓好、抓出成效。抓落实，贵在持之以恒，也难在持之以恒。

对下管理服务，左右平衡协调

所谓对下是驾驭，就是行使管理和服务。

管理，也是依法、依靠制度进行。工作过程中，对发现的问题及时地整改，对违反制度的，就要作出相应的处罚。

对下仅有管理还不够，还需要服务。假如下面提出了合理化建议，作为管理者，我就要跟踪服务，首先看看这一建议是不是和法律法规相违背，是不是和公司制度相违背。如果看下来，是我们的制度不健全、不合理，那就要完善、修改我们的制度；如果员工的建议能够提高公司的形象，增加公司的效益，就要及时采纳、批准，公司各部门和其他人也要帮助一起完成建议的落地。

左右是协调，如同飞机飞行，左右要平衡、协调。

协调思想是中国古代哲学的一种基本思想，是现代系统论哲学的主导思想，也是唯物辩证法的重要原则和方法论。

协调是领导者的职能之一。美国管理学者迪克·卡尔森在《现代管理》一书中认为：协调的职能在于使一个组织中的所有

单位的活动同步化与和谐化，以便达到共同的最终成果。对协调的最有效的影响来自一个组织中主要负责人的个人自觉、洞察力和领导能力。没有什么东西可以代替主要负责人自上而下的个人影响力，以及组织中横向的和自下而上的影响力。

迪克·卡尔森还进一步指出，良好的协调开始于健全的观点、态度和计划。良好的协调还要求有能干的人员，相互信任，全体管理人员和整个职工队伍的各种活动的持续的、一贯的结合、良好的团结精神和高昂的士气。通过领导者协调，解决组织内部人员之间、单位之间、组织工作过程各阶段、环节之间以及组织与环境之间的矛盾，消除不协同、不适应、不和谐的现象，减少摩擦，克服内耗，将组织内各单位和全体人员的努力结合成为一整体，使个人和群体都处于最佳状态，以形成一种合力，朝着共同目标前进。

无论是对上，左右，还是对下，要想管理好一个团队，都有一个重要条件，那就是管理者首先要提高自己的境界、文化和能力。这也是"打铁还需自身硬"。

家族式企业里的亲情管理：合久必分

我20岁的时候，相亲结婚。

当时家里很穷，相亲的时候，我的一身"国防蓝"是借的，筹办婚礼需要15元，我也拿不出来。

但我有一个优点，就是诚实，实话实说。

结婚之前，组织告诉我：你女朋友的父亲，成分不好，如果你和她结婚，你的前途会受影响，甚至入不了党，你自己好好考虑考虑。

我说："我看重的是她这个人。不用考虑，入党的事，以后再争取，总得先把婚结了。"

其实，结婚一年后，组织还是接受我加入了中国共产党，毕竟改革开放的时代到了，党和国家更加重视个人政治表现而不是父母成分了，况且不久之后我岳父的"右派"也摘帽了。

结婚之前，我本来想给未婚妻买两身衣裳，但拿不出钱，后来30块彩礼钱还一人分了一半。婚后盖了三间草房，分家后除了300元债务，便是一篓子柴火，两簸箕地瓜干……

时代变化很快。岳父落实政策后，我爱人那边兄弟姐妹的工作也有了着落，顶替的顶替，安排的安排，都进了相当不错的单位，但后来他们工作的工厂纷纷倒闭，而我这边的工厂刚刚起步，也需要帮手。我就请这些亲戚来我厂里工作。

我爱人劝我："你把这些亲戚都叫过来，现在看上去没有什么，以后恐怕很难管理。"

我反过来劝我爱人：俗话说得好，一个富人如果有三个穷亲戚，就不能算富；一个穷人如果有三个富亲戚，就不能算穷。邻帮邻，亲帮亲，况且我也有可能哪一天会变穷，有能力的时候帮帮别人，也是在做善事，何况还是亲戚呢。

后来发生的变故，果然不幸被我爱人言中。

1996年，我们实行了"持股个人化，股份集中化"。股权分散和集中，各有优点，但初期管理企业，创业稍有成功，我就把亲朋好友招到企业来了，所有员工持股，股权分散，初衷是"风险共担，利益共享"，企业是大家的，靠大家干。

《中华人民共和国公司法》于1993年12月通过后，1999年12月第一次修正。对照《公司法》，我发现，股权分散带来的一大劣势，就是企业决策难以快速集中。

比如在市场上看到了一条鱼，我认为很好，回来后大家商

量，买还是不买，七嘴八舌，议而不决，最后即使决定买了，去市场一看，鱼已经死了，或者被别人买走了。

也就是说，股权分散带来决策迟缓，容易导致机遇丧失。

如果把股权集中起来，是由一个人集中，或者其他人把权力授予给一个人，让这个人承担风险，在市场经济条件下能够及时拍板决定，实现利益最大化。

亲戚中的一些人，辈分比我高，年龄比我大，有一位亲戚还在国有企业干过负责人，开会时我说的话他们也不大听，即使听了，也不大买账、不去执行，觉得无所谓，乐化这个企业发展得怎么样，在他们看来似乎无所谓。

而我就不一样了，我把这个企业看成自己的儿女，一草一木，都是看着一天天成长的，有时甚至把企业看得比儿女还要亲，会全心全意地爱护和发展企业。

现在看来，企业的创办人，会视企业为生命，而不会仅仅看重企业带来的利益。

有人曾经总结，企业中如果有太多亲戚，往往会染上家族企业的一些弊端。

比如组织机制障碍，内部会形成各类利益集团，由于夹杂着复杂的感情关系，使得领导者在处理利益关系时会处于更复杂、甚至是两难的境地。常见弊病是重人情而轻制度，企业领导人的亲属和家人违反制度时，管理者很难像处理普通员工那样一视同仁，这给企业内部管理留下了隐患。

再比如在人力资源方面，家族式企业似乎对外来的资源和活力产生一种排斥作用，企业更高层次的发展会受到限制。任人唯亲难以做到"能者上、平者让、庸者下"。正如新希望集团总裁刘永行所说："家族企业最大的弊病就在于社会精英进不来。几兄弟都在企业的最高位置，外面有才能的人进不来，而且一家人的思维方式多少有些类似，没有一个突破点。大家各有各的想法，要决策某件事就很难，容易耽误商机。"

家族人员容易产生排外心理，会让其他员工难以得到能力信任甚至最基本的尊重；居功自傲，不求上进，会让企业没有危机意识；利用自己人的充分信任及管理漏洞，滥用权力，拉帮结派，甚至贪污腐败，也会让企业面临危机。

亲戚和我之间在管理上的冲突，到2001年、2002年变得越来越大。我也明白，企业要往前发展，必须进行股份改革，不断建立和完善现代企业制度。

2005年，我们正式改革，一部分人带着净资产、现金，离开乐化，我分到的却是负债6 000万元的空壳公司。和亲戚之间因管理上的分歧而产生的折腾一下子没有了，但巨大的压力来了：负债6 000万元啊，这在当时，绝对不是一个小数目。

我召开全体员工大会，把真实情况讲给员工听，表示去留自便。让我欣慰的是，绝大多数员工没有离开乐化，没有离开我。

韩国客户的勤俭细节

早就听说，在韩国，马路上很难找到垃圾桶但路面却干干净净；餐厅里，牙签是用土豆淀粉做的，可以直接吃掉；酒店内，不提供一次性免费用品，卫生纸很薄遇水很快溶解；餐桌上的筷子、汤勺等餐具，大多不套纸，就算套纸也只套一半……类似近乎"抠门"的做法处处可见，但"抠门"背后却是一种让人欣赏的环保意识。

乐化油漆出口韩国的谈判过程中，有几件小事引起了我深深

的思考。

一件事，他们坚持以货易货式交易，进口我们的油漆，用他们的货物来充抵，尽量省下外汇。

另一件事，在和他们一起登山时，韩国人把烟掐了，留下了过滤嘴随身带着没有丢弃，我疑惑不解，问他们为什么要随身带着过滤嘴，他们说，过滤嘴不容易降解，污染环境。我很吃惊他们将小小的过滤嘴从那么高的山上带下来，只为了不污染环境。

还有一件事，有一次他们将我带到一个军港吃饭，主食是海鲜和烤薯片，烤薯片共四片，我吃了三片，已经饱了，他们也看出来了，就帮我吃了剩下的一片。他们向我解释为什么帮我吃一片，是因为不愿意浪费。

与韩国人交往，还会发现一个细节：韩国人很少会购买进口产品，包括马路上跑的汽车、各种家用电器、甚至是农副产品，主要是国民的素质，爱国的思想，更重要的是国民的"忧患意识"。

这些细节，对我触动很大。反观我们的员工，有一次在潍坊吃夜宵，一位员工点了许多菜，根本吃不下，最后拿了50多元的发票让我签字报销，我想起在韩国人家不愿意浪费哪怕是一片薯片的事，越想越不是滋味，当着我们员工的面将他的发票撕了，明确表示不让报销，因为你这是浪费。我还在大会上将这件事反复说给其他员工听，提醒大家不能浪费。

我早就注意到，随着企业的快速发展壮大，各种管理制度、配套措施没有跟上企业发展的步伐，隐藏着很多隐患，浪费就是一大隐患。有了车，有的人就滥用起来，不算汽油账，收入高一些，有些人就讲排场比阔气，喝起酒来上顿接着下顿没完没了。

在一次会议上，我严肃地说："家业大了，我们仍要艰苦奋斗；一粥一饭，当思来之不易。我们要珍惜一张纸，一滴油，一颗钉子；我们要想到我们的工作不是为了鼻子底下的一碗饭，而是为了全体职工的长期饭票，为了家乡的父老乡亲。"

不仅靠经常性教育提醒大家不要浪费，我还制定了严格的纪律与规定。比如汽车，以油料为核算单位，超则罚，省则奖；比如招待费实行包干，超出部分自费，节余经费对半分；对浪费公共财物者，以一罚十，以十罚百。

党的十八大召开后不久，2012年12月，中央"八项规定"出台，其中特别规定要厉行勤俭节约。2013年1月，习近平在新华社《网民呼吁遏制餐饮环节"舌尖上的浪费"》材料上的批示指出：从文章反映的情况看，餐饮环节上的浪费现象触目惊心。广大干部群众对餐饮浪费等各种浪费行为特别是公款浪费行为反映强烈。联想到我国还有为数众多的困难群众，各种浪费现象的严重存在令人十分痛心。浪费之风务必狠刹！要加大宣传引导力度，大力弘扬中华民族勤俭节约的优秀传统，大力宣传节约光荣、浪费可耻的思想观念，努力使厉行节约、反对浪费在全社会蔚然成风。各级党政军机关、事业单位，各人民团体、国有企业，各级领导干部，都要率先垂范，严格执行公务接待制度，严格落实各项节约措施，坚决杜绝公款浪费现象。要采取针对性、可操作性、指导性强的举措，加强监督检查，鼓励节约，整治浪费。

中央要求厉行勤俭节约、反对铺张浪费的规定，得到了广大干部群众衷心拥护。

2013年6月开始的党的群众路线教育实践活动，集中解决形式主义、官僚主义、享乐主义和奢靡之风这"四风"问题。奢靡之风，主要是条件好了，许多方面做过头，大手大脚、铺

张浪费。

老子曾说:"我有三宝,持而保之:一曰慈,二曰俭,三曰不敢为天下先。慈,故能勇;俭,故能广;不敢为天下先,故能成器长。"这是老子积平生所学所思的经验之谈:平素俭省,所以能够富裕(俭,故能广),舍俭且广,死矣。中国传统文化中的"俭以养德",特别值得提倡。

在一次干部会议上,我坦诚地对我的同事说:乐化集团原来主业油漆,在偏僻落后的农村,我们创造了奇迹,在全国同行业至今不落伍,至今受到同行业和社会各界的好评。大家要清楚我们的主业没有高端技术,没有先进设备,没有地理优势,为什么还受到好评,为什么在全国同行业不落伍,就是靠大家齐心协力,顽强拼搏,发扬了艰苦奋斗、勤俭持家的优良传统。没有什么高招,靠的是勤俭持家,今天,我们不能以现在有饭吃为满足,而是要想长远,为创造百年品牌、百年基业打下根基深厚、永远不倒的平台,给这个平台上的子孙后代创造好的基础。

第四章　塔型管理

不同层级的权力和责任

乐化集团家大业大、事业辉煌之后，随之而来如何管理也成了大问题。我尝到了做"大老板"的滋味：企业越大，越使你食不甘味、寝不能安，因为你面对的不仅仅是1 000多人，七八个公司，在全国各省市有197家销售公司，80多个省内办事处和20多个省外销售公司，而是面对市场，面对全国，面对全世界的挑战。

显然，传统的管理机制，已不适应变幻莫测的市场和大规模的生产与销售系统。

我曾经从潍坊柴油机厂挖了一位管理水平很高的车间主任，担任乐化的常务副总经理，加强企业的现代化管理。

他进了乐化之后，把家也搬到平原镇，工作上更是使出浑身解数，与我配合默契。

我们经过反复考虑和推敲，决定切块管理，分层负责，既下放驾驶权，又掌握刹车权。

当时一位从日本留学回来的年轻人和我交流时，直言不讳：你们企业看起来很牛，但你们连一套像样的管理模式都没有。

我一听也很惊讶，就问他：那你能不能向我介绍一下日本的管理模式有哪些？

这位年轻人告诉我，概括起来日本的企业有两种管理模式，一种是塔型管理，一种是信仰型管理。前者很形象，塔尖到塔底层级分明，不同层级肩负不同的权力和责任，管理非常严谨规范，有非常完善的企业管理制度、流程体系，执行力度非常强，尊重规则、遵守规则，从上到下都会严格执行公司制度，按照流程做事；后者建立在对企业的忠诚和信仰的基础上，崇尚忠诚与奉献。

在日本企业里，员工是最重要的资源。公司给予职工的待遇等于是对职工能力提高和发展的投资。每个员工都在自己的工作岗位上开发能力，追求自己以及公司的发展，立足于长期为企业做贡献。日本企业注重创造灵活的组织环境和优胜的文化格局，使企业内外信息交流畅通，并重视家庭主义的集体行动。日本企业的组织特点是管理者以自主责任作为领导原则进行经营管理，经营管理的特点，一是组织灵活，富有弹性，适应性强；二是尊重人和追求效率相辅相成，工作划分不细，扩大个人责任范围，各管理环节容易协调，通过定期变动工作使员工成为多面手；三是人的技能和知识水平较高，打造复合型人才，具有广泛的知识，综合能力强并有牢固的理想和信念；四是企业决策注重发挥集体和组织的作用，决策需要较长时间，但一旦实行起来则很迅速；五是劳资关系稳定，职员的工作生活安定，归属感、价值感较强，觉得人生有意义并由此激发工作热情。

我听了之后很受启发。

20世纪90年代初，以"模拟市场核算，实行成本否决"为主要内容的"邯钢经验"全面推行，其基本内涵是模拟市场价格核算，将成本与效益挂起钩来，将效益与分配挂起钩来，并以成本否决为杠杆，形成"千斤重担众人挑，人人肩上有指标"的局面，充分调动了广大职工当家理财、精打细算、加强管理、深挖潜力的积极性，进而达到个人增收、企业增效的目的。

我组织公司管理团队，去邯郸，详细考察了邯钢的市场模拟机制和弹性管理。

主要是借鉴日本企业管理经验，结合"邯钢经验"，以及多年的管理实践，我主持制定了一系列塔型管理的规章制度，如：

"两条原则"：上级为下级服务，下级对上级负责；

"五把尺子"：现场管理、财务借贷管理、质量管理、安全生产、劳动纪律；

"三定方针"：定岗、定责、定职；

"八个法定指标"：法定生产、法定资金、法定人员、法定产量、法定效益工资、法定基本工资、法定库存、法定销售价格。

金刚石与石墨，同样是碳元素，只因内部排列方式不同，就变成了外在形态、内部属性差异极大的两种物质。企业的管理就相当于这样的排列方式。

公司不断创新企业管理，将"三定方针"（定岗、定责、定职）进一步完善，发展为以"定员、定岗、定职、定费用、定责"为核心内容的"塔型管理法"，加以推行，力图塑造一个现代化管理的油漆军团。

在每个单位或部门，管理机构都分若干层次，人员从主要领导到一般职工都存在若干级别，呈现"塔式"结构。只有各个层次协作运作，才能确保整个部门或单位工作的顺利运行。

所谓"塔型管理"模式，简而言之就是一层管一层，一级管一级。正常的工作程序是：主要领导管好本级领导班子成员或下一级单位的主要负责人；领导班子成员负责分管下级部门的工作；一般员工则由所属部门的领导管理。这种"塔型管理"模

式可以在统一决议和分工明确的前提下，各负其责，统一协作。"塔型管理"模式设置成文字、流程图的形式，明确个人责权利，划清责任、权力、利益。

在正常情况下，上级领导不宜事必躬亲地越级管理。只有在特殊情况下，需要上级主要领导亲自出马才能解决的问题，方可越级管理，如重大问题的调研工作以及不抓紧解决就会影响全局的特殊问题，等等。在这些特殊情况下，主要领导要亲自深入下去，和分管领导在统一认识的基础上共同解决问题。

乐化集团公司，设置为董事长—经理—副经理—部室—科室—班组—岗位。与之相对应的考核制，是按董事长—经理—副经理—部长—科长—班组长—职工，这样的上级对下级进行考核。

"塔型管理"在责任追究上，实行一级追究一级，即对违反公司管理制度、管理程序的行为，上级检查出的，按规定追究下级责任，下级按规定层层追究至责任人。如果需要，上级也可以跨级检查，但不得跨级追究、处罚，追究、处罚只能是一级管理一级。

"塔型管理"模式在实践中，也在借鉴、汲取其他管理模式的长处。随着世界性经济结构的调整、科技的进步、竞争的加剧，在多媒体技术、网络传输技术、卫星通信技术、安全加密技术等现代高科技手段的有力支撑下，依靠功能强大的办公软件、营销管理软件等应用软件，能够轻而易举地实现对大量数据信息的集中快速处理，在第一时间内将企业所有高价值信息传递给高层决策者、供货商、经销商与合作伙伴，实现"一网搞定"，这些使许多原来仅为"信息中转站"作用的中间管理层成为多余，在客观上促使许多企业达成了关于推行"扁平化管理"的共识，

"扁平化管理"一度风行。

但我个人还是觉得，要管理好一个部门、一个单位，在管理方法上应坚持以"塔型管理"模式为主的原则。当然，也可以借鉴扁平化管理的结构形式，扩大管理幅度，减少管理层次，减少管理人员、时间和费用，缩短上下级之间信息传递的渠道，提高工作效率，提高企业的管理水平。

美国管理大师德鲁克认为，组织就是由两个或两个以上的人组成的有特定目标和一定资源并保持某种权责结构的群体，一个组织只能在其价值观内成长。企业经营理念，是企业经营的核心思想和终极之"道"，它集中体现为企业的价值主张、价值立场和价值追求，具体化为企业的使命、愿景和目标。

按照管理的基本原则，管理是伴随着组织的管理而实现的，是实现组织目标的重要手段。现代管理学的研究对象是集体活动，而不是个人活动。所谓组织，是指一群人为了实现某个共同目标而结合在一起相互行动的集合体。

在企业管理中，高居在上的，必然是一种力量和思想，当然也可能是一幅图景。一切事物的生存与发展都必须有一个基础，都有其赖以成长的条件，就如同一棵树之所以枝繁叶茂，是因为有阳光、土壤和水分等。使事物蓬勃向上的必然因素为内在生机，而不是它表面上的枝繁叶茂。企业成长的根本力量就来源于企业的共同理想和核心价值观念。

站在塔顶的决策者应该干什么？

任何伟大的成就背后都有着真理的支撑，我们只要找到那个

真理，就能为自己的事业认清道路。作为一个领导者，要做的主要事情就是把握方向、定战略、抓大事，使组织的运营方向向着未来的目标愿景前进。在判断是与非、做与不做、向哪一个方向做等政策导向时，要充分考虑长远利益与短期利益的协调，不能为了暂时或短期的利益而迷失前进的方向。

企业管理要抓大事，不能采取像诸葛亮那样的工作方法。诸葛亮的工作方式，就是细，谁违反了军纪，将要受到二十军棍以上的处罚，诸葛亮都要亲自审核一遍。司马懿知道后告诉旁人说："诸葛孔明必然不会活很久了！"结果诸葛亮不久就去世了。许多人钦佩他鞠躬尽瘁死而后已的同时，也为他事无巨细、无可奈何的工作方法深深地惋惜。

著名的华人企业家李嘉诚先生曾经讲过：一个国家，皇帝忙，表明将相无用；一个军队，将军忙，表明凝聚力不够；一个家庭，支柱忙，表明即将出问题；一个单位，领导忙，表明可用的人不多。历史上所有伟大的人物，政党领袖以及商业巨首，有谁在整天忙着做事的？他们每天干得最多的就是七件事：一是组织人脉；二是学习成长；三是把握方向；四是分析市场；五是战略布局；六是总结经验；七是制定打法。一个伟大的领袖，如果整天忙着做事，就失去了领袖的价值和意义。

"塔型管理法"让我从烦琐的事务中解脱出来。作为董事长，我能够集中精力考虑一些大的事情。我的精力，主要用在执行国家法律法规；主持董事会的工作，组织实施本公司董事会的决议，制定落实集团公司章程和各项规章制度；组织讨论公司的发展战略、经营方针、年度计划、财务预算、投资及日常经营工作的重大事项。

作为董事长，我的职责由经理班子共同实施，经理以下四部室财务部、企管部、生产部、销售部，在本公司经理班子中开会议事时，各占经理全部职责的25%，四部室合一为经理全部职责。董事长、经理对本公司以下承担100%责任，行使100%权力，按岗位职责与下级界定责任书和要求，明确任务、目标、奖惩措施等。

公司财务部、企管部、生产部、销售部四个部门，完成任务、得到荣誉，是部门履行职责、齐心努力的结果，出现问题，部门也要承担责任。

比如各公司企管部，对外代表本公司、代表经理完成工作，特别是法律法规学习，学习后回来汇报落实，企管部在本公司内按经理要求组织学习落实三套制度(《管理规则》《劳资人事管理制度》和《财务管理制度》)，对全公司考核检查，是否按照制度运行，行使管理考核权，全公司内如果"塔型管理"出现不畅或者出现违法问题，企管部要负责。企管部要求公司内每个岗位都要去落实法律和公司制度，如果有落实记录的，那么即便一些岗位出了问题，企管部的责任也能减轻；但是如果每个岗位不去落实法律和公司制度，一旦出现问题，企管部就承担责任。安全生产许可证、经营许可证、营业执照等各类证照的年审、变更，是由企管部负责，必须做到依法经营。

再比如各公司财务部，对全公司代董事长行使财务管理考核权，协助经理工作，业务、财务数据，必须按财务要求，按制度要求落实完成，确保财务数据真实，做到账实相符，账账相符，财务经理对本公司按财务制度所有的应收、应付、库存材料、产品、资产全部进行及时核对，以本岗位权力能落实处理的处理，能催收的催收，处理不了的，报本公司经理处理，经理再处理不了的，经理签批报董事长协助处理。

从运行机制看，四部室对下行使管理、服务职责，必须懂业务，会管理，能服务，否则就难以管理和服务。管理的实质为内行管内行，不是外行管内行。因此，我们在提拔干部时，严格执行提拔的标准。否则，庸才上岗，必然会导致管理、生产环节出现问题，造成损失。

实行"塔型管理法"之后，我们企业的管理效率成倍提高。过去清库要21天，现在，只要6个小时就可以完成。过去产品销售，要老板亲自跑腿，如今公司责权利明确，借助电话、传真、微信等现代化通信工具，就可以运筹于帷幄之中，决胜于千里之外。

塔型管理要刚柔相济

乐化公司每个人的工作，是按照公司新修正的《管理规则》《劳资人事管理制度》和《财务管理制度》三套制度，程序化运作，按制度办事，靠制度管人。赋予各公司自主权，可以根据本公司、各岗位实际情况，制定本公司的细则，经理签批后执行，作为制度的补充，但要报到集团企管部备案。

乐化公司结合企业实际，制定实施了一套成熟的、成功的管理制度，特别是随着集团公司的发展，原漆业公司整个的高层管理者分配到其他公司，重新提拔起一套新的班子，通过七八年的时间，漆业新班子按公司三套制度加强完善，严格执行，现在主导产业在全国、在同行业赢得好评，特别是漆业公司的现场管理，受到同行业和各级领导的好评。

各公司以下各部室开会解决不了的问题提交经理，经理召集办公会研究解决方案，能够解决的形成会议纪要，在本公司贯彻执行。经理办公会议解决不了，由经理报集团公司，会议纪要中列明经会议研究无法解决的问题，并提出建议意见方案一、方案二。集团办公会对各公司提报的问题逐一研究并拿出解决方案，在每个月15日前给予答复。

2017年一次会议上，我要求集团对各公司考核，各公司要达到依法管理、生产、经营；依制度考核奖罚，提拔奖励为公司塑造良好形象、创造效益的人。

管理制度是刚性和柔性的结合。我喜欢把事说在前面，有什么事该说就说，管理上有什么困难，个人家庭有什么事，要提出来，你只要请假，经批准后就不用承担负责本岗位责任，如果不请假或者请假没有被批准，那你所在的管理岗位就得24小时承担本岗位的责任。这样的管理，就是按制度、按要求进行。

2016年，乐化集团公司的经营业务和销售收入不是最高的一年，但效益是建厂以来最好的一年。我将这个成果的取得归结为两条，一是全体员工在本岗位的辛勤劳动，二是公司建章立制和完善管理模式。

我要求每位同事在总结一年的工作时思考一下，在本岗位怎么干的，怎么取得今年岗位成绩，在岗位上是不是把"塔型管理"落实好，把制度落实好，本人的努力还有没有欠缺，在岗位创造的价值，是不是按照公司要求满负荷工作，是不是全力以赴，还能不能提升，是不是还有潜力挖掘，怎么挖潜提升？工作中如果付出了很多，待遇是否合适，如果感觉付出很多但回报和待遇不高，也要提出来。这样，在来年新的工作岗位，如果觉得在岗位上充分履行职责，仍然觉得没有潜力可以挖掘，可以申请调整岗位。

考核方面，我们将薪酬待遇与经济效益紧密挂钩，2016年计

件制考核，2017年效益考核，都在磨合中进一步完善。基本工资、效益工资是工人依法所得，多劳多得，优绩优酬。

  在管理上我经常和我的同事交流：大家在一起工作，都希望在一个和谐的环境下共事，和谐的公平，公平体现在双向选择，体现在制度上，不是光嘴上说公平就是公平，双向选择就是公平和谐，如果不切实际将要求提得过高了，公司也会接受不了；你劳动了、付出了，公司给了你应得的，这就实现了公平。

  上述管理制度的规定，就是刚性管理中包含的柔性管理。

第五章　市场就是自己找饭吃

计划经济下坐等分配，市场经济下创造创新

穷人的孩子早当家。当我的同龄人都在上学的时候，我已经在社会上干事了。

几十年的经历证明，我从来不是一个等待社会给我分享的人，而是从小就依靠自己创造的人，创建企业、在社会打拼，我的思维就是找饭吃，而不是等饭送上门来。

在人生的每一个阶段，我始终关注自己未来目标的实现。

改革开放以来，我们国家经历了从计划经济到市场经济的转变，这是一场深刻的变化。过去经常有人讨论市场和计划的关系。1987年，邓小平同志就谈到：计划和市场都是发展生产力的方法，"为什么一谈市场就说是资本主义，只有计划才是社会主义呢？计划和市场都是方法嘛。只要对发展生产力有好处，就可以利用。它为社会主义服务，就是社会主义的；为资本主义服务，就是资本主义的。"20世纪90年代初，邓小平同志发表著名的南方谈话，其中说："计划多一点还是市场多一点，不是社会主义与资本主义的本质区别。计划经济不等于社会主义，资本主义也有计划；市场经济不等于资本主义，社会主义也有市场。计划和市场都是经济手段。"

我自己对计划和市场理解得更为简单：计划经济下坐等分

配，市场经济下创造创新。

计划就是，人家叫你干什么，分配什么，你就干什么。

市场则是一种创造性思维。

农村推行"小包干""大包干"的时候，我带着乡亲们一起种地，如果是等待计划，那我们可能就是除了种地还是种地，最多解决温饱问题。在和乡亲们一起耕种的同时，我动起了脑筋，带领乡亲们扩大黄烟种植面积，我还倒腾起煤炭、化肥等生意，增加乡亲们的收入。如果只执行计划，就不会有这些"倒腾"。再后来我辞掉乡经委副主任兼供销科长的"铁饭碗"，放弃了"钱多事少离家近"的稳定工作，出去做起了煤矸石的买卖，后来又闯入了油漆产业这片盲区，也是敢于突破计划的思维，敢于迎战市场的挑战。

计划经济的末端，我正好30岁。现在30岁的人，一般才从大学校园出来刚刚工作没有几年。我30岁的时候，已经开始创业了，那时许多同龄人刚刚考虑计划分配的时候，我已经在考虑市场的需求了。我实际上已经走进了市场经济。

现在市场学教授讲市场，其实说的就是要创造，不要等待分配。

计划，说到底就是被动的。这种等靠要的思想容易让人产生惰性，惰性如果转化成为一种思维方式，一种工作方式，就会成为经济发展的障碍，也会成为个人发展的障碍。

市场的核心是创造，必然要求和等靠要完全不同的进取意识和思维习惯。创造和创新是一个持续动态的过程，需要敢于打破常规和现状，不断挑战自我，自我革新，追求卓越，让思想及时更新换代，跟上时代的步伐、融入发展的潮流。

市场随时要应对变化。油漆供不应求的时候，我们当然高兴，想到如何扩大生产，满足市场，油漆供过于求的时候，我们又要承受市场产能过剩的压力,想方设法去迎战竞争对手的挑战。比如,2016年,我们对全国和山东油漆市场信息和情况进行分析,因山东油漆市场用量大、利润高,全国同行业到山东建厂、设库、设经销点,纷纷进行山东油漆市场的开发,面对竞争压力,我们决定2017年在现有价格和材料的基础上,毛利下调16%,计划下调1.2亿元左右,让利市场,同时拿出5 000多万元让利办事处推动市场开发。采取这样的果断措施,是为了面对当前经济下滑、市场疲软,依靠我们这些年诚信做事、诚信经营的信誉度和乐化品牌的影响力,利用质优价廉的产品来确保乐化油漆市场份额不缩小,增强我们企业的生命力。

这就是市场和计划的区别。

计划不需要创新和创造,市场需要创造,创新意识是创造性思维和创造力的前提。要树立创新意识,必须破除思维定式。有一个新的问题要解决,就不要留恋、依赖老办法,要创新解决问题的办法。思维定式有三种:一种是"权威定式",谁官大谁说的对;一种是"从众定式",大家说的就对;一种是"经验定式",过去这样做的就对。创新思维要破除这三个定式。创新思维还要扩展思维的视角,就是看问题不要从一个角度去看,要换位思考。

党的十八届三中全会第一次提出:使市场在资源配置中起决定性作用和更好发挥政府作用。"决定性作用"很不一般,是一个重大的理论突破。之前,1992年,党的十四大提出了我国经济体制改革的目标是建立社会主义市场经济体制,提出要使市场在国家宏观调控下对资源配置起基础性作用。"基础性作用"一直延续到党的十八届三中全会上把市场在资源配置中的"基础性作用"修改为"决定性作用"。习近平曾经指出,理论和实践都

证明，市场配置资源是最有效率的形式。市场决定资源配置是市场经济的一般规律，市场经济本质上就是市场决定资源配置的经济。健全社会主义市场经济体制必须遵循这条规律，着力解决市场体系不完善、政府干预过多和监管不到位问题。作出"使市场在资源配置中起决定性作用"的定位，有利于在全党全社会树立关于政府和市场关系的正确观念，有利于转变经济发展方式，有利于转变政府职能，有利于抑制消极腐败现象。

贸易创造价值也是供给侧结构性改革

习近平同志曾经强调，要把转方式、调结构放在更加突出的位置，针对突出问题，主动作为，勇闯难关，努力提高创新驱动发展能力、提高产业竞争力、提高经济增长质量和效益，实现我国社会生产力水平总体跃升。他提出的供给侧结构性改革，引起了从政府官员到经济学家、从企业家到消费者的热议和广泛关注。

其实，我在企业管理的实践中，特别是在如何将产品占领市场的过程中，亲身体验了供给侧结构性改革。也可以说，我一直在按照供给侧结构性改革的思路和要求管理企业、拓展市场。

在营销策略上，我采取分区域建点、辐射周围、稳步推进、占领市场的办法，主导产品的产销率保持在99%以上。

在供给侧结构性改革下，"去库存"是每个企业必须要面对的问题，中央提出"去库存"，接地气，好理解。

供给侧结构性改革的内涵要求，应当重视贸易在经济中的作用。

贸易，是建立在友好、公平、法治等原则的基础上，能够体现市场要求。

我向来相信，劳动创造价值。后来在创办企业、销售产品的过程，我也逐渐认识到，从根本上说，劳动创造价值；而在经济活动中，贸易也创造价值。贸易促进了社会大分工，社会分工提高了社会生产效率，生产效率提高，单位时间内就能创造更多价值，多余的价值就可以用来交换，提高和满足了不同层次的需求。

由此我经常注意观察一方的需求，同时关注另一方拥有什么样的资源可以出让。瞄准双方的需求，我就搭建贸易平台。

曾经有专家学者告诉我，许多经济学著作，比如曾经流行很广的曼昆的《经济学原理》中就说：贸易能使每个人的状况更好。

据新闻报道，在世界经济中日本人是美国人的竞争对手。在某些方面这是真的，因为美国和日本企业生产许多相同的产品。福特公司和丰田公司在汽车市场上争夺同样的顾客。康柏公司和东芝公司在个人计算机市场上争夺同样的顾客。但在思考国家之间的竞争时，这种想法很容易被误导。美国和日本之间的贸易并不像体育比赛一样，一方赢而另一方输。实际上，事实正好相反：两国之间的贸易可以使两个国家的状况都变得更好。

国家之间的贸易使各国可以专门从事自己最擅长的活动，并享有各种各样的物品与劳务。日本人和法国人、埃及人与巴西人一样，在世界经济中既是我们的竞争对手，又是我们的伙伴。

21世纪以来，全球经济和贸易体系正在出现新的结构性变化，一个主要的变化就是形成了"全球价值链分工"，世界人民划分为生产者和消费者。中国作为全球最大的中间品贸易大国，从成为全球最大的出口国到跃居为世界最大的贸易国，中国既是贸易自由化与投资便利化的参与者与受益者，更是贸易全球化的

直接推动者。近年来，中国积极推进包括构建对外开放新体制，以及"一带一路""亚太自贸区"等在内的全球化进程，成为全球贸易的最大创造者。

2017年5月，习近平同志在"一带一路"国际合作高峰论坛开幕式上指出：这是贸易畅通不断提升的4年。中国与"一带一路"参与国大力推动贸易和投资便利化，不断改善营商环境。据了解，仅哈萨克斯坦等中亚国家农产品到达中国市场的通关时间就缩短了90%。2014年至2016年，中国同"一带一路"沿线国家贸易总额超过3万亿美元。中国对"一带一路"沿线国家投资累计超过500亿美元。中国企业已经在20多个国家建设56个经贸合作区，为有关国家创造近11亿美元税收和18万个就业岗位。

贸易不仅会创造平台，其实贸易还会创新思维。

我在企业经营管理、特别是贸易销售过程中，对习近平同志强调的供给侧结构性改革问题，体会很深刻。供给侧结构性改革，重点是解放和发展社会生产力，用改革的办法推进结构调整，减少无效和低端供给，扩大有效和中高端供给，增强供给结构对需求变化的适应性和灵活性，提高全要素生产率。这不只是一个税收和税率问题，而是要通过一系列政策举措，特别是推动科技创新、发展实体经济、保障和改善人民生活的政策措施，来解决我国经济供给侧存在的问题。我们讲的供给侧结构性改革，既强调供给又关注需求，既突出发展社会生产力又注重完善生产关系，既发挥市场在资源配置中的决定性作用又更好发挥政府作用，既着眼当前又立足长远。从政治经济学的角度看，供给侧结构性改革的根本，是使我国供给能力更好满足广大人民日益增长的美好生活需要，从而实现社会主义生产目的。

供给和需求是市场经济内在关系的两个基本方面，是既对立又统一的辩证关系,二者相互依存、互为条件。没有需求,供给就无从实现,新的需求可以催生新的供给;没有供给,需求就无法满足,新的供给可以创造新的需求。当前和今后一个时期,我国经济发展面临的问题,供给和需求两侧都有,但矛盾的主要方面在供给侧。

对此,我们搞企业、搞产品的,体会很深,比如,我国一些行业和产业产能严重过剩,同时大量关键装备、核心技术、高端产品还依赖进口,国内庞大的市场没有掌握在我们自己手中。还比如,我国一些有大量购买力支撑的消费需求在国内得不到有效供给,消费者将大把钞票花费在出境购物、"海淘"购物上,购买的商品已经从珠宝首饰、名包名表、名牌服饰、化妆品等奢侈品向电饭煲、马桶盖、奶粉、奶瓶等普通日用品延伸。据测算,2014年我国居民出境旅行支出超过1万亿元人民币。

事实证明,我国不是需求不足,或没有需求,而是需求变了,供给的产品却没有变,质量、服务跟不上。有效供给能力不足带来大量"需求外溢",消费能力严重外流。解决这些结构性问题,必须推进供给侧改革。

推进供给侧结构性改革,要从生产端入手,重点是促进产能过剩有效化解,促进产业优化重组,降低企业成本,发展战略性新兴产业和现代服务业,增加公共产品和服务供给,提高供给结构对需求变化的适应性和灵活性。简言之,就是"三去一降一补",去产能、去库存、去杠杆、降成本、补短板。

以国内涂料市场分析,中国因拥有世界五分之一人口而不容置疑地成为世界最大涂料消费市场,投资涂料成为众多精明商人觊觎财富的有效选择。随着环境与健康观念的凸显,低档传统涂料将逐渐被淘汰,全新的环保型涂料技术成为涂料市场的投资新

宠，纳米改性涂料技术的问世，正好满足了这一市场缺口。据不完全统计：2013年中国国内涂料需求已经将近400多亿元人民币。而最近几年，建筑涂料市场在悄悄地产生一场变革，在这场没有硝烟的变革中，新兴环保型涂料与传统涂料展开一场"肉搏战"，虽然表面上看来，传统涂料依然"雄心不死"占据着一定市场格局，但从未来涂料基本走势看，传统涂料逐步没落，水性环保型涂料全面取而代之已成为定局。

21世纪的工业文明给人类带来空前的新生活，同时也毁坏了环境，这种对人体有害的发展模式，促使人们反思新的发展理念，催生了环境与居住新观念，引发了对健康空间居住的要求。绿色的、环保的、可持续的、和谐的等诸如此类的发展观念，成为当今世界普遍要求。这种基于保障健康的发展，必然要求从技术方面改进和创新予以满足。因此，对于以健康为基础的消费走向来看，不是观念的问题，而是技术的开发难度和成本与产出的关系所形成的普及程度问题。

建筑涂料与人体健康直接相关，人们大部分时间工作、生活在房间里，每时每刻都与涂料亲密接触，因此，科学家研究和开发高档的水性环保型涂料产品的努力一直没有停止过。

我国不是需求不足，或没有需求，而是需求变了，广大人民群众日益增长、不断升级和个性化的物质文化和生态环境需要，就是最大、最实际的需求，这里面就有无限商机。

2013年7月，"创新和谐责任影响力"中国涂料高峰论坛（广州）暨2012年度中国涂料十佳品牌评选颁奖盛典在广州标志性建筑广州电视塔举行，乐化品牌昂首入围。2012年受到国家宏观经济及房地产调控等因素的影响，整个房地产市场的投资速度有所放缓，作为房地产行业的下游产业涂料、家具等配套产业都受到了强烈冲击，涂料市场需求下降明显。这也使得部分国内涂料企业不仅销量下滑，利润也很少，甚至出现了亏损。进入2013年，中国经济形势仍复杂多变，如何通过"创新、升级"之路再谱新篇章，我与在场嘉宾分享了观点。

当时主持人问我：沈总在开发新的产品路线做更高端的防水产品，防腐涂料产品新的增长点在什么地方？

我回答说：随着国家"一带一路"倡议，远洋贸易迅速增长。远洋货轮、集装箱市场广阔，海洋产业发展需要高端的防腐防护产品，海洋防腐产品的更新年限一般在1~2年，未来需求量会很大，是企业新的增长点。

第六章　立体构建企业文化"软实力"

我心中的人才：自胜自强，厚德载物

人才和技术，就是企业腾飞的双翼。

油漆属技术密集型行业，这对于一个从庄稼地里走出来的乡镇企业来说，是一个严峻考验。如何解决人才匮乏的问题，我们采取的是"引进＋培养"的人才战略。

1991年，一次偶然的机会，别人给我推荐了外地一位姓赵的技术员，他出身于油漆世家，但当时已经改了行。我就费尽周折跑了数百里路找到了他，恳请他来我们厂工作。

起初他不愿意来，我就"三顾茅庐"，连续去他家邀请。这位工程师被我的真诚感动了，不仅来到了乐化，而且把家也迁到了工厂驻地平原乡。

几经商谈，我答应每月支付他基本工资350元，这在当时几乎是天价，他自己都很惊讶，也不敢相信，提出要不要公证一下。我说可以。第一个月下来，他拿到基本工资加上效益工资超过了1 000元，他自己都感觉拿得太高了，主动要求降低一些。既然定好的事，就不能食言。我就又请他在厂里管生产，我出门一心一意跑销售去了。

习近平同志曾谈到，我们要树立强烈的人才意识，寻觅人才求贤若渴，发现人才如获至宝，举荐人才不拘一格，使用人才各尽其能。功以才成，业由才广。我创办企业之初举步维艰，吃亏就是吃在没有人才，所以我知道，要让企业发展起来，要建功立业，人才是第一资源。没有人才优势，就不可能有创新优势、科技优势、产业优势。培养集聚人才，要有识才的眼光、用才的胆识、容才的雅量、聚才的良方。

目前，已有来自全国各地的30多名工程专家在乐化公司工作，30多家科研院校在乐化设有中试基地，从而形成了百余人的技术智囊团。

在筑巢引凤的同时，我们仍不忘培养那些土生土长、与企业同甘共苦的人才，先后派出30多名职工去大专院校进修。现在包括我在内的60多名农家子弟都已成长为制漆业的行家里手。

依靠科技，抢占市场的制高点，使乐化得以迅速发展。为解决技术人才短缺的问题，公司投资500余万元，建起了同行业为数不多的油漆研究所，加速了人才的引进和培养，使企业大中专毕业生、技术人员占职工总数的40%，大大提高了企业的科技研发能力。四十多位科研人员专心致志搞研发，研制一代，推出一代，储存一代，牢牢掌握了市场的主动权。

我曾经提出，企业要发展，人才是关键。集团高级管理人员要根据各自工作岗位分别到高等学府参加在职培训，通过学习拿到文凭后，公司要进行奖励；对员工的培训，各公司要积极联系专家上门办班培训；公司内部也要成立培训机构，培训自己的优秀员工。同时，出台更优越的条件，全力引进各方面人才。

在市场拓展的观念上，我提出"自强者胜，自胜者强"，鼓励我的团队不惧对手，强力开拓市场。古代先贤老子在《道德经》中说："知人者智，自知者明。胜人者有力，自胜者强，知足者富，强行者有志。"这段名言不难理解：能了解别人的称为

机智，能认识自己的才叫聪明。能战胜别人的只能说明有力气，战胜自己的才叫强者。知道满足者感到自己富有，身体力行者才说明他有远大的志向。"自强者胜，自胜者强"这一市场观的提出，借鉴了老子的这一思想。在机遇和挑战如此强烈的市场，自强者才有出路，而要做到自强，就是战胜自我，首先成为"自胜者"，才能成为"胜人者"。

基于这样的认识，公司还提出"兴我乐化，敢为人先"的企业精神和"事要做得漂亮，人要活得精神"的价值观，目的都是鼓励团队同事敢为人先，有所作为。

提倡"自胜者强"的老子曾说："我有三宝，持而保之：一曰慈，二曰俭，三曰不敢为天下先。"很多人误解了"不敢为天下先"这句话，认为这是一种消极、不思进取的行为，其实，老子本意是法水的精神，崇尚水滴石穿、利万物而不争的精神和智慧，告诉世人应具有谦卑的心态，并不是主张什么事都当缩头乌龟，不然，他怎么会主张"自胜者强""强行者有志"呢？

敢为人先，就是敢于做别人没有做过的事，敢于走前人没有走过的路。它体现着一种"咬定青山"后的敢想敢试、锐意进取的精神风貌，体现着勇立时代潮头、善开风气之先、敢于争创一流的胆识魄力。敢为人先，是对时代、对历史的责任担当，是一种甘冒风险、直面挑战的胸襟。邓小平曾经说过："没有一点闯的精神，没有一点'冒'的精神，没有一股子气呀、劲呀，就走不出一条好路，走不出一条新路，就干不出新的事业。"邓小平的"一股子气"，就是改革开放、搞企业的人所必需的"敢想敢干、敢闯敢试、敢为人先"的精神。习近平同志也经常说：历史只会眷顾坚定者、奋进者、搏击者，而不会等待犹豫者、懈怠者、畏难者。

公司要求员工"事要做得漂亮,人要活得精神"。乐化走过的30年,我们打造了一个非常健康的平台,乐化人按照塔型管理,落实好制度,轻松工作,快乐生活,体现乐化人的价值。我一直提倡人生还是要干点正能量的事业,为企业、为社会创造价值。

我反对人才贪欲膨胀,纯粹为了金钱而工作,因为我还知道思想家卢梭的一句名言:"就公民美德而言,要么使用它,要么失去它。一旦公民只关注为金钱而工作,那么这个国家离衰败也就不远了"。所以我同时提出企业道德:诚信为本,厚德载物。

企业要经营,要发展,固然要恪守许多道德规范,但我以为,最核心的落脚点,应该就是"诚信为本,厚德载物"。

科技兴企:抢占行业竞争的制高点

公司为了推动企业挖潜管理、技术革新、发明创造,让全体员工更好地体现自身价值,制定了专项奖励规定:在公司设定数额范围内,因管理措施落实到位,在管理中挖潜,为公司增加经济效益的,年度经财务部门核查确认后,按增加经济效益的4%奖励给本部门;公司职工年内通过技术革新、改造、节能或发明创造实现利润的,第一个12个月按创造利润的8%奖励,第二个12个月按4%奖励,第三个12个月按2%奖励;因专业技术员工发明新工艺、新配方,从而为公司创造利润者,按其创造利润的4%进行奖励。

公司提出科技兴企,注重提高产品档次和科技含量,进一步增强"乐化"油漆的市场竞争力。在世界经济一体化日益加快的形势下,乐化集团为抢占行业竞争的制高点,把发展高新技术产

业化放在了突出的战略位置，全力推进科技兴企，集团按照"生产一代、储备一代、研制一代、构思一代"的产品开发思路，先后投入数百万元，组建了专门的科研机构——乐化科研所，重点研制开发油漆涂料新品种，以满足市场新需求，增强企业发展后劲。

我们先后从青岛、安徽、北京等地高薪聘请了多名在涂料行业有较高造诣的专家，帮助集团开发新型高档涂料；同时，加强与青岛科技大学、青岛海洋涂料研究院、安徽大学的联合开发，借脑引智、借脑生才，为企业发展提供有利的技术和人才保证；投资500万元设立上海乐化科技发展有限公司，以此为窗口，吸收国内外先进的技术，了解国内行业发展趋势。

公司每年投入300多万元用于企业的科研开发，后来根据涂料市场"绿色环保型"的发展趋向，重点加大了乳胶漆的研发力度，汽车漆、火车漆、塑料漆、舰船漆、飞机漆等高档漆先后问世，2000年，乐化集团6万吨"高档丙烯酸乳胶漆"项目列入国家经贸委"双高一优"项目，产品上市后供不应求。

为进一步增强企业的发展后劲和市场竞争力，乐化集团在广泛调研论证的基础上，聘请国家纳米材料科技指导协调委员会委员、国家"973"纳米材料和纳米结构首席科学家、山东省政府科技顾问张立德教授为公司顾问，曾聘请中国科技大学博士生导师、纳米技术专家牟季美教授为主任，与安徽大学纳米化学与技术研究中心合作，投资500多万元，成立了"山东乐化纳米技术产业化研究中心"，旨在引进纳米技术等高新科技，嫁接改造油漆、涂料等传统产业水平，抢占高新技术产业化的制高点。

现在看来，纳米改性涂料的诞生终结传统涂料市场成为定局，纳米改性涂料虽属于是高科技产品，但技术工艺却并不复杂，而且投资数额不大，成本低，利润可观，关键是要从可靠的渠道引进技术和采购设备。而且人们现在更加注重的是它的科技型和环保型。根据相关调查研究显示，高科技纳米涂料不仅无毒无害，还可以缓慢释放出一种物质，降解室内甲醛、二甲苯等有害物质。

2002年6月，乐化集团联合杭州百合化工有限公司、淄博钴股份有限公司、安徽大学等发起人入股了拟上市的"山东乐化漆业股份有限公司"。

为了吸引人才，培植乐化的发展后劲，集团于2003年在青岛建立了高档漆研发生产基地，解决了偏居一隅对集团发展的制约。一大批硕士、博士争相加盟青岛研发中心，乐化集团的自主创新能力有了质的飞跃。

公司十分重视研发的投入及人才的培训和引进，积极地与青岛科技大学、青岛农业大学、烟台大学、海洋化工研究院等科研院所进行技术合作，大力投资高科技环保节能涂料的研发，并聘请多位专家教授主持重点研发项目工作。公司与青岛科技大学、海洋化工研究院联合承担完成的"聚合物基低VOC低烟膨胀型防火涂层材料的研究与产业化"项目获得山东省2014年"科技进步奖"二等奖。研发中心现已形成了一支技术、学科梯度相对合理的老、中、青三者结合的涂料研发队伍，其中有全国涂料行业的专家，也有近几年毕业的大学生和研究生，以从事涂料科研、生产、市场开发10年以上的中年技术人员为中坚力量，已承担了一些军工和国家项目。现有2 000平米实验室，其中有海洋防腐涂料、高档装饰涂料、水性涂料三个重点实验室，检测仪器和实验设备齐全。

公司近三年共有授权的发明专利5项，实用新型专利12项，

诸多专利技术在产品中得到了应用；近三年科研人员在核心期刊上发表学术论文10余篇。2013年10月由青岛市科技创业服务中心组织相关专家对我研究中心最新自主研制的"PU固化环氧酚醛树脂及其制备方法和应用"及"水性环保型醇酸工业涂料"两个科研项目进行科学技术成果评价，两项新产品技术新颖程度与国内同类产品相比，科技创新成果均达到国内领先水平。通过技术攻关，乐化集团先后注册了100多项专利，生产效率至少提高了20%。2014年12月获得1项科技部"科技型中小企业技术创新基金"项目验收。

改革开放快40年了，以前我们更多依靠资源、资本、劳动力等要素投入支撑了经济快速增长和规模扩张。时至今日，相关要素日趋紧张，我们要大力实施创新驱动发展战略，加快完善创新机制，全方位推进科技创新、企业创新、产品创新、市场创新、品牌创新，加快科技成果向现实生产力转化，推动科技和经济紧密结合。他还指出，一个地方、一个企业，要突破发展"瓶颈"、解决深层次矛盾和问题，根本出路在于创新，关键要靠科技力量。要加快构建以企业为主体、市场为导向、产学研相结合的技术创新体系，加强创新人才队伍建设，搭建创新服务平台，推动科技和经济紧密结合，努力实现优势领域、共性技术、关键技术的重大突破，推动中国制造向中国创造转变、中国速度向中国质量转变、中国产品向中国品牌转变。回顾乐化科技兴企之路，我们很欣慰的是：我们一直在践行此道。

品牌战略：诚信、专业、细心、共赢

乐化从诞生之日起，就根植于市场的土壤，营销工作一直是企业各项工作的重中之重。我们先后在全国21个省市建立了197个办事处，通过培育和发展中间商，组织起了万余人的乐化产品销售大军，牢牢控制了市场主动权，主导产品的产销率保持在99%以上。

公司的营销策略是："服务从细节做起，专心专注，用心服务"。

产品质量方面，我们的宗旨为：以质量求生存，以信誉求发展。依靠品牌和产品质量开拓市场，这是乐化的营销策略。我们在全厂实行苛刻的双重质量标准，即产品在达到国家标准基础上，还必须达到高于国标的内控标准方能出厂。近年来，企业产品的合格率一直保持在99%以上，"乐化"牌系列油漆被授"山东省质量免检产品（2006~2009年）"。同时我们不断扩大宣传力度，"乐化油漆，刷新世界"的广告语几乎家喻户晓，在消费者心中树立了良好的企业产品形象。

我对转型升级有着自己独到的见解：应该以质量为核心提升企业的品牌价值。我认为，品牌是企业最重要的无形资产，品牌标示着企业的信用和形象。在市场经济条件下，诚信品牌，质量品牌，意味着竞争的主动权，意味着市场的主导地位。乐化集团从申请中国驰名商标以来，产品的价值大幅度提升，而这其中更多的是产品附加值的提升。

品牌战略的实施，为乐化集团的产品打开了市场。品牌的最核心支撑就是质量，作为山东省昌乐县第一家获得中国驰名商标的企业，山东乐化集团的成长足迹，印证了质量对于品牌和企业发展的重要性。

乐化集团正在研发水性漆和热反射涂料。水性漆作为一种高环保清漆，具有低碳低排、环保无毒害的特性。而热反射涂料

是一种可令被涂物在太阳光照射下产生温度调节效果的涂料，这种新型降温涂料集反射、辐射与空心微珠隔热于一体，能有效避免太阳的热量在物体表面进行累积升温，又能通过自动进行热量辐射实现散热降温的效果，把物体表面的热量辐射出去，降低物体的温度。即使在阴天和夜晚，涂料也能辐射热量降低温度，确保了物体内部空间能保持持久恒温的状态，达到了节能减排的目的。乐化集团正是以自己研制的新产品，贯彻落实国家的"节能减排"政策。

随着中国房地产业的快速发展，特别是随着人民对环境质量的新需求，催生了环境与居住新观念，引发了对健康空间居住的要求，对涂料与人体健康越来越关注。基于此，我们提出的品牌愿景是：打造健康漆第一品牌。现在党中央非常强调"坚持以人民为中心"的发展导向，我们就是这样要求自己的，我们保证把人民群众的健康放在油漆生产的首位，体现了我们企业的社会责任。

各公司生产部门都要执行本公司的集体决定，完成生产任务和生产工艺过程中的安全和产品标准，要确保安全，保证质量。公司的采购供应，有严格的制度，各公司采购物资一律上报标准（如成分、初点干点、色相等）。我们要求各公司采购物资，特别是各公司董事长经理签批的时候，如果发现无标准、无价格、无品牌，一律不能签批，一定要由申请人补全之后才能比价。制度里要求采购物资时要货比三家，统一标准比价格，统一价格比品牌，价格和品牌差不多的话也要货比三家。

我们建立"A\B\C客户"，保证A类客户的供货优势，让A类多供，A类客户一定要诚信，诚信的考核可以从三方面考察，第一就是所供的原材料标准严格，不弄虚作假；第二要考虑公司的

第六章　立体构建企业文化"软实力"

诚信，降价涨价提前告知；第三，在货款上互相谅解，如果按合同付款暂时付不上，或者用承兑需要拖延几天的话，要能相互理解。比如，原来A类客户材料降价，提供信息滞后，导致公司损失，不如B类或C类客户信息准确、及时，就可以将C类客户调到B类客户，B类客户调到A类客户。这样的管理方式虽然比较简单，但是很实用。

全公司采购信息发布，由集团企管部、财务部、国贸公司模拟，采购比价中心设在国贸财务部，由国贸财务部发布信息比价，我们也准备出台和试行比价和管理细则。

各公司销售部门都要按进出口集团班子研究确定的销售任务，按销售规定，行使自己权力，确保圆满完成销售任务。销售部还要承担市场信息和市场变化的调查。在汇报和销售产品时，销售部永远不变的是，对外卖产品，要向用户讲明的是标准，所有公司卖的产品，只对未开封的桶内产品标准负责，就像施工，谁签订施工合同，谁对施工过程负责，坚决不能把施工质量问题归为产品质量问题，如果办事处自己施工，也要另外签订施工合同，如果出现问题，也是施工时违反施工要求而导致达不到用户的要求，而不是产品标准达不到要求。如果产品标准有问题，由生产部负责，只要桶内的标准符合规定，我们就不负其他责任。外部信息调查和用户提出的产品，我们必须先要求对方提供产品标准，在互相通报时，先讲标准，再讲使用要求，各公司研发产品，首先应在实验室试验产品标准，达到产品标准要求，说明可以对用户提供此标准产品，如果用户认可我们的标准，通过反复试用，符合施工要求，继而确定产品符合用户要求，我们就考虑向市场投放，我们的标准就符合并成为市场的产品标准。

通过标准保证质量，通过质量保证品牌，这是我们的一条成

功经验。

企业理念：实业兴国，融于世界

乐化油漆，刷新世界！我们当然希望我们的油漆能代表中国企业走向世界市场。

在柳传志的会议室里，墙上挂着毛笔草书的大条幅："以产业报国为己任，致力于成为一家值得信赖并受人尊重、在多个产业内技术领先的企业、在世界范围内具有影响力的国际化控股公司。"

这个条幅道出了我们企业家的心声。

企业初办时，我们考虑得比较多的，是如何体现自己的人生价值，随着企业慢慢做大，我们深切感受到国家和社会对我们的帮助，反哺国家和社会、为国家、民族做事的想法就越来越强烈。

近几年，我国大部分本土中小涂料品牌遭遇了"成长的烦恼"，当然也包括其他一些知名涂料品牌都遭遇了类似的发展"瓶颈"，销售放缓、利润缩水、成本上升、竞争日趋激烈等；另外，产品严重同质化、低端产品相对过剩、高端市场久攻不下，也是摆在本土涂料品牌面前亟待解决的问题。

除了自身的问题，外国企业的入驻咄咄逼人，也是本土涂料品牌遭遇困难的重要原因。受欧美等主要市场需求减弱的影响，具有雄厚研发能力和丰富销售经验的外资知名涂料品牌，近来加快了在新兴市场版块攻城略地的力度，不断加强针对新兴市场的研发和营销投入，这势必进一步激化涂料产品市场的竞争。更值得本土涂料品牌警惕的是，外资品牌现在已经开始向二、三线城市倾斜，而二、三线城市一直是关系本土涂料品牌生存的重要市场；同时，外资知名品牌还适时地通过"放下身段"、降低价格来吸引中低收入消费者，给面临成本上升压力的本土涂料品牌带来了极大的挑战。

当然，成长中遇到问题在所难免，而且本土涂料品牌现在遭遇的问题，国际知名品牌或多或少地也遭遇到了一些。本土涂料品牌完全可以通过调整经营策略来应对"成长的烦恼"。我国涂料品牌的整体市场在持续增长，蛋糕在做大，企业只要具备足够的内功，就能吃饱吃好。

与外资品牌相比，在市场熟悉度和把握消费者的消费心理方面，本土涂料品牌无疑更有优势，这也意味着本土涂料品牌有潜力进行更具针对性的产品研发和市场推广。

同时，经过多年的大浪淘沙，本土涂料品牌已经开始学会借鉴外资成熟涂料企业的研发投入、进行差异化竞争等方面的经验；另外，国家推出的新型城镇化建设等扩内需政策的推出及网络购物的兴起，再加上我国工业制造还处于蓬勃发展期，也给本土涂料品牌带来了新的机遇。因此，只要本土涂料品牌能够扬长避短，有针对性地进行产品研发推广，就没有理由在与外资品牌的PK中处于下风。

石油和化学工业规划院副院长白颐曾预测，2020年，我国涂料产品的需求量将达2 000万吨。

随着中国经济持续发展和房地产行业的不断升温，中国涂料企业在神州大地遍地开花。中国涂料产量继超过日本之后凭借高速增长势头，短短几年之内超越美国，成为世界涂料第一生产大国。但现在中国的涂料企业的"个头"还远远不能跟国际巨头抗衡。除此之外，我们的涂料企业数量众多，私底下还要恶性竞争

拼个你死我活，结果可想而知。中国涂料企业首先要做的就是规范经营管理，提高技术水平和产品质量，提升企业服务水平，强化内功，紧盯市场，在品牌营销上下大功夫，赢得消费者的认同和信任。

另外，中国涂料行业存在着严重的同质化现象，我国涂料行业每年投入科研开发的经费仍不足销售总额的1%，不及韩国的2%，发达国家的5%以上。而且，我国目前涂料业的"引进多于原创"，即使是创新，也仅仅是模仿性创新。在健康性能方面，欧美国家所要求的墙面用乳胶漆挥发物VOC标准为50毫升/升，儿童漆标准还要低一些。标准越高，对技术水平的要求也就越高。

目前中国涂料市场上，国外知名品牌林立。国际知名品牌不断涌入中国，并以其较好质量的产品迅速占领市场。早在2002年，世界涂料十强就全部进入中国，开始一系列的抢占市场战略。至今连续14年全球销量第一的阿克苏诺贝尔油漆（中国）有限公司，1998年就进入中国在上海设立总部。2012年是立邦进入中国的第20年，立邦漆凭借先进的市场营销理念以及高质量产品，不断俘获了中国众多涂料代理商及消费者的心。很多消费者在选择涂料品牌的时候，也特别倾向于选择国外知名品牌，潜意识中觉得较大品牌的产品质量相对有保证。因此，目前中国涂料市场上真正的高端涂料市场份额，仍然掌握在国外品牌手里。

中国涂料企业想要在竞争中生存并有所发展，除了应对国内同行竞争对手之外，更重要的是还要承受国外品牌的巨大竞争压力。

改革开放以来，我国经济实力、科技实力、国防实力、综合国力进入世界前列，推动我国国际地位实现前所未有的提升，国家和民族的面貌发生了前所未有的变化，中华民族正以崭新姿态屹立于世界的东方。中国的实业型企业冲入世界500强，是中华民族有能力屹立于世界民族之林的一个标志，这不仅是中国企业家的梦想，也是中国老百姓的梦想。

要实现"产业报国"，一是要把企业办好，不仅要让它增值、盈利，而且要为国家创造直接价值；二是通过科技创新的能力、科技普及的行动和科技领先的产品，为用户提供优质的产品和服务；三是依法纳税，扩大就业机会；四是承担社会责任，如关注环境等方面，根据国家的需要和自身情况进行投入和支持。

正如柳传志在一次演讲中说的："大家想想，人在最后的时候图什么？中国历史上那么多英雄人物不都是在为中华民族争一口气吗！"实业报国，融于世界，就是我们乐化人的追求和梦想。

第七章 乐化"配方"的秘诀是实事求是

实事求是地正视成败

记得上海一家化工集团的领导来乐化参观之后,疑惑地问我:乐化集团地处昌乐一偏僻小镇,没有任何地理优势;设备用的是其他国有企业淘汰下来的;产品是我们不愿意生产的;作为掌门人,你是一位没有读过多少书的农民……但是你却把乐化办成了同行业中最好的企业之一,你有什么秘诀?

我说:实事求是。就是中共中央党校门口的石头上写的这四个字,实事求是。

"实事求是"一词较早出现在中国东汉时史学家班固所著《汉书》。其中说"河间献王德以孝景前二年立,修学好古,实事求是。"班固在最初使用"实事求是"这个词的时候,给其赋予的含义是:学习儒家经典,应取的态度为求真、忌浮、得事实。正如唐朝时学者颜师古所注曰:"务得事实,每求真是也。"

毛泽东同志1941年在《改造我们的学习》一文中对中国古语实事求是的新解说:"'实事'就是客观存在着的一切事物,'是'就是客观事物的内部联系,即规律性,'求'就是我们去研究。我们要从国内外、省内外、县内外、区内外的实际情况出发,从其中引出其固有的而不是臆造的规律性,即找出周围事变的内部

第七章 乐化"配方"的秘诀是实事求是

联系,作为我们行动的向导。"实事求是,成为中国共产党哲学的核心思维。

改革开放时期,邓小平同志将实事求是看作毛泽东思想首要的活的灵魂,"我读的书并不多,就是一条,相信毛主席讲的实事求是。""实事求是,是无产阶级世界观的基础,是马克思主义的思想基础。过去我们搞革命所取得的一切胜利,是靠实事求是;现在我们要实现四个现代化,同样要靠实事求是。"1992年初,邓小平同志南方谈话指出,实事求是是马克思主义的精髓。要提倡这个,不要提倡本本。我们改革开放的成功,不是靠本本,而是靠实践,靠实事求是。邓小平同志多次讲他是"实事求是派"。

实事求是就是一切从实际出发,我个人的体会就是:行就是行,不行就是不行,如果具体到一个人的能力,就是从实践中一步步积累起来的,成功就是成功,失败就是失败,既需要从成功中积累经验,也需要从失败中总结教训。这也是实事求是。

我非常佩服毛泽东同志的军事策略,打得赢就打,打不赢就走,失败就是失败,打了败仗也没有关系,重新再来。这就是实事求是。

诸葛亮有言:"善败者不亡。"据军事专家统计,我军建军以来,大规模的败仗超过10次,胜仗400多次。诚如毛泽东同志所言,错误和挫折教训了我们,使我们变得比较聪明起来了。

失败就是失败,能够承认失败、正视失败,从失败中总结经验教训,也是一种实事求是。

企业创办之初,我也经历了很多次失败,但都能够实事求是地面对,渡过了难关。从中我渐渐明白一个道理:输了一场战斗不代表输掉整个战役,只要以教训为师,就会赢得整个战役。

马云在一次演讲中提到失败时说："我花时间最多的，是研究国内外企业是怎么失败的。这两年我给公司所有高管推荐的书，都是讲别人是怎么失败的。因为失败的原因都差不多，就是那么四五个很愚蠢的决定。但是每个人都认为那个错误是别人会犯的，我怎么可能会犯。但是，你一定会犯，即使提醒过你，你还是会犯。"所以他对失败的警惕性非常高，甚至说："我退休的那一天要写一本超级畅销书，书名就叫作《阿里巴巴的一千零一个错误》。"

我觉得马云是一个很不简单的人，是实事求是的典范。

实事求是让我受益匪浅

无论是做事，还是做人，我都实实在在，真心诚意，不搞虚的。我跟我媳妇处对象时，对她全讲老实话，有就有，没有就没有，结果她也没有嫌我穷，我也把媳妇娶回家了。

跑供销、跑市场，我也是实心眼。有一次我背了四个小西瓜，去一家化肥厂的科长家里，希望他能够给我们集体提供10吨化肥，他说"没有"，我居然将四个小西瓜背着就走了。第二天带着四个小西瓜去找化工局的同志，正好碰到昨天化肥厂的那个科长，大家哈哈大笑，就因为心眼实，大家成了无话不谈的好朋友。后来我做起了煤矸石的买卖，赚了钱，也是得益于他们的帮助。

我真心待人，唐山的刘师傅，自称会搞油漆，我待他甚过父母，即使他后来对我不仁不义，我也不会因为吃了亏而改变我真诚待人的价值观。

我经常说，人家来我这里，我总是真诚欢迎，不让人家有

第七章 乐化"配方"的秘诀是实事求是

拘束。如果人家进来串门，先要人家脱鞋，有的人就不愿意再来了。

我最重视的实事求是，是我们的产品。通用的标准，和定量的数据，对我们的产品很重要，我们产品要靠实事求是说话。比如高固含量，在市场对油漆环保要求越来越高的今天，高固含量溶剂型油漆，是为了适应日益严格的环境保护要求，从普通溶剂型油漆基础上发展起来的，它的主要特点是在利用原有的生产方法、油漆工艺的前提下，降低有机溶剂用量，从而提高固体组分。这类油漆是20世纪80年代初以来以美国为中心开发的。通常的低固含量溶剂型油漆固体含量为30%~50%，而高固含量溶剂型要求固体达到65%~85%，从而满足日益严格的VOC限制。我们生产的油漆，高固含量一直在60%，每一桶油漆，都按标准生产和宣传，我们达到了什么标准，就宣传什么标准，绝不夸大，言行一致。

对产品实事求是，为人更加需要实事求是。我在向领导汇报工作时，或者与客户交谈时，我会将心里想的、正在做的，如实地说出来，我在领导、朋友和客户面前，不会挑好听的说。我向领导汇报工作，只能实事求是，如果领导下达任务，我明明干不了的话，硬要承接下来，结果干不成的话，就会辜负领导；和客户谈的时候，是平等的市场交易，是产品的买卖，如果我干不了，却硬要承接，最后就会辜负客户。如果辜负了领导、朋友和客户，就失信于人，就会无路可走。

说到的，都要做到，签订的合同或者承诺，我都会去做到。这样实事求是，得到了很大的回报。

现在，我国经济发展进入新常态。这是一个客观状态，也是一种内在必然性，更是对未来经济发展趋势的基本而重大的判

断，决定了未来应该采取什么样的发展理念、依靠什么样的发展动力。新常态下，我国经济发展的主要特点是：增长速度要从高速转向中高速，发展方式要从规模速度型转向质量效率型，经济结构调整要从增量扩能为主转向调整存量、做优增量并举，发展动力要从主要依靠资源和低成本劳动力等要素投入转向创新驱动。同时，我国经济运行仍存在不少突出矛盾和问题，产能过剩和需求结构升级矛盾突出，经济增长内生动力不足，金融风险有所积聚，部分地区困难增多等。党和国家提出牢固树立和贯彻落实新发展理念，适应把握引领经济发展新常态，全面做好稳增长、促改革、调结构、惠民生、防风险各项工作，促进经济平稳健康发展和社会和谐稳定。

我国经济发展进入新常态，这一重大战略判断，是实事求是的。随着国际金融危机后经济格局的重新调整，刺激中国经济发展的外部需求逐渐缩减，国内传统的人口、资源红利等生产要素的比较优势逐步削弱，能源、环境约束不断加大，各类社会风险挑战显性化呈现。内外因素的交叉导致我国正步入增长速度换挡期、结构调整阵痛期、前期刺激政策消化期的"三期叠加"时期，经济面临缓慢下行的压力，社会转型面临着矛盾易发多发的压力。这些都是困难和挑战。但与此同时也出现了经济韧性好、潜力足、回旋空间大等一系列发展机遇。

以前，我参加"两会"，感觉政府部门压力很大，要考核GDP增速。不讲GDP增速肯定不行，但一味攀比GDP增速，渐渐地就不那么实事求是了。现在，政府部门都转变了，纷纷依据自身的发展状况，实事求是制定本省本地区的GDP增速，主动适应经济发展新常态，经济由高速增长转为中高速增长，发展由中低端水平迈向中高端水平，相应地也校准了实事求是的政绩观。

第七章　乐化"配方"的秘诀是实事求是

市场复苏乏力、产能过剩，是全世界面临的共同问题，在我们国家，经济发展进入新常态之后，这一问题也很突出。而我们乐化集团经过30年的发展，却能够逆势而上，进入销量最大、效益最好的时期，当别人苦于没有订单、没有事干的时候，我们集团许多新的项目接踵而来，职工夜以继日地忙着生产，这里面的原因很多，一个重要的原因，就是我们实事求是，言行一致，用诚信在社会上积累了资源、铺就了路子。

实事求是往大里说，是思想路线，一切从实际出发；往小里说，就是诚信，诚信是企业最好的产品。

第八章　千头万绪中抓住主要矛盾

抓主要矛盾关键在于统一思想

企业的发展，是不断解决矛盾的过程。

唯物辩证法认为，在事物的多种矛盾中，各种矛盾的地位和作用是不平衡的。在事物发展的任何阶段上，有一种矛盾居于支配的地位，起着规定或影响其他矛盾的作用。这种矛盾就是主要矛盾，其他矛盾则是非主要矛盾。我们在观察和处理任何事物的诸种矛盾时，必须善于以主要精力从多种矛盾中找出和抓住主要矛盾，提出主要的任务，从而掌握工作的中心环节；当矛盾的主次地位发生了变化，事物的发展进入新的阶段时，要善于找出新的主要矛盾，及时转移工作的重点；还要把事物的主要矛盾和非主要矛盾作为一个有机的体系予以统筹兼顾，发挥它们之间相互促进、相互制约的作用，以推动事物的发展。这是进行一切实践活动的重要方法。

毛泽东同志在《矛盾论》中对此表述得很清楚："凡事要学会抓主要矛盾，切勿眉毛胡子一把抓。"

搞企业也是千头万绪，主要应该抓什么？

我认为主要应该抓思想，各个岗位干部员工的思想，思想统一了就会心往一处想，劲往一处使，就能干成事。

党的领导人历来重视统一思想。毛泽东同志强调要"在马克思主义思想的基础上统一起来"。邓小平同志强调,"集中统一,最重要的是思想上的统一。有了思想的统一,才有行动的统一"。邓小平同志的伟大贡献之一,就是重大历史转折关头,以宽广的大局观和深邃的战略视野,排除了"左"的和右的干扰,客观公正地评价了毛泽东同志和毛泽东思想,统一了全党的思想,加强了全党的团结,激励着全党同志和全国人民满怀信心地去开辟未来。

由于每个人存在个体差异性,其思想自然呈现多元性,即便面对同一客观存在,每个人的思想也各有不同。这时,统一思想就至关重要了。

能否实现统一思想,一般取决于以下几个方面。

一是用正确的理论统一思想,思想的统一最终要靠对用来统一思想的这个理论或认识的真心信服,这种信服来自理论的魅力、理论的科学。而只有正确地反映客观世界规律、社会发展规律的理论,才具有这种统一思想的魅力和力量。

二是在实践中统一思想,这是实现真正统一思想的根本方法。统一思想不是一个单纯地从认识到认识的过程,而是一个实践—认识—再实践—再认识的过程。毛泽东同志在《实践论》中讲道:"马克思主义者认为,只有人们的社会实践,才是人们对于外界认识的真理性的标准。实际的情形是这样的,只有在社会实践过程中(物质生产过程中,阶级斗争过程中,科学实验过程中),人们达到了思想中所预想的结果时,人们的认识才被证实了。"这种认识被证实的过程,实际上就是理论被实践验证的过程,同时也是一个在实践中不断统一思想的过程。

三是用解放思想来统一思想,因为实践发展永无止境,解放思想永无止境,思想的统一就是一个思想不断发展、变化、逐步成熟的过程,它既包括用来统一思想的理论认识的不断发展、变

化及成熟，也包括统一思想的客体——每个个人思想的不断发展、变化和成熟。

我组织乡亲们种地的时候，鼓励他们多种经营，种植经济作物，首先也要统一他们的思想；后来我办企业，初创时期曾经遇到很大的困难，甚至在1990年遭遇到工厂起火爆炸，之后的第一件事，就是统一职工的思想，迅速恢复生产；2005年实行企业改制，部分人带着净资产、现金，离开乐化，我分到的是负债6 000万元的空壳公司，面临巨大的压力，我做的最重要的事情，就是把真实情况讲给员工听，让他们坚信，只要拥有乐化品牌，企业暂时遇到的困难就会克服。思想统一后，员工始终坚守在乐化大家庭中，各司其职，朝着共同的目标进发。

敢于否定自己，但不要轻易否定目标

企业做大做强，一个关键就是勇于否定自己。

否定并不是一个贬义词。否定自己，也是根据不断变化的形势，否定和调整。

唯物辩证法所理解的否定，是事物的自我否定，即通过事物内部矛盾而进行的对自身的否定。否定的实质是扬弃。扬弃是新事物对旧事物既变革、又继承，既克服、又保留的关系。

从否定的这一哲学意义出发，自我否定之于个人工作中，是一种手段，是一种方法，更是一种动力。自我否定的内涵是对自己的不足的承认，是一种勇敢的自我剖析和自我提升。

海尔集团张瑞敏说过一句话：在否定别人之前，首先自我否定。

否定自己，常常和自省联系在一起，同时也是自省的更高境界。否定自己，就是多问自己几个问题，自我提醒，自我怀疑，给自己制造一些压力和挑战。是为了优化和建设而怀疑，为了肯定而否定。这种"否定"应该建立在自我修养、学识和能力提高的基础上，正所谓不破不立，只有敢于怀疑自己，否定自己，才能有新的突破与新的作为。

陶渊明在他的《归去来兮辞》中说的"觉今是而昨非"，也是勇于自我否定。

我年轻时曾在平原乡经委当副主任兼供销科长，工作清闲、待遇不错。不久我就否定了自己，向上面提出辞职，出去做起了煤矸石的买卖。后来，我搞起了油漆，一开始找师傅，被师傅骗了之后，我又否定了自己之前依靠别人的想法，自己带着队伍去济南油漆厂学习，终于获得"真经"。最初生产油漆，以为目标万吨，就很了不起了，之后我不断否定自己，扩大生产规模，企业越做越大。今天，我们在继续快速发展的基础上，考虑企业未来发展转型，着力于贸易旅游一体化发展，进行企业总部建设，大力发展以贸易、旅游、服务产业为主的总部经济，这是对之前企业产业结构的"否定之否定"。

当然，目标一旦定下来，不要轻易否定，但实施过程是不断应对可能出现的变化和不利因素，调整原来一些想法，更有利于达到目标。

人们常说"不到黄河心不死，不撞南墙不回头"，这句谚语经常用来比喻那些行事倔强固执的人。太倔强固执了，当然不好，但反过来说，对确定的目标，要有点固执，不要轻易否定。

第九章　人生需读三本书

梦想、幻想、理想、现实

　　党的十五大报告中有一段名言："旗帜问题至关重要。旗帜就是方向，旗帜就是形象。"这是说旗帜重要，也是说方向重要。方向是一个政党选择和确定的道路及其目标，形象是一个政党展现给外界的风貌以及外界对它的印象和评价。

　　大到国家、政党，小到企业，再小到个人，朝着什么样的方向走，至为关键。

　　方向是怎么来的？一般是用眼睛观察而得。

　　动物识别方向，让人类惊讶，一些鸟类南来北往几千千米而不迷失方向，各有手段，如燕子等以地形为参照物，像鸣雀等则是靠日月星辰等来辨别方向的，而鸽类大多都是靠地球磁场来定方向的。当然鸟类不迷失方向，也要靠自己灵敏的感觉和惊人的记忆力。还有一些动物，比如狗，它们是利用自己灵敏的嗅觉，不但可以辨别方向，还可以协助公安人员破案。相比之下，人类的寻路本领和方向感，远不及这些动物，人常常会迷路、迷失方向。但人类也很厉害，他们通过推理和经验，通过建筑和路牌，寻找方向。为了找到回家的路，人们绘制出地图；为了找到自己的位置，人们发明了全球定位系统（如美国的GPS、我国的"北斗"全球导航系统）。

方向是怎么来的？动物靠嗅觉，科学靠定位，人类是通过思维确定方向和目标。

认识和思维的关键，是动不动脑子。

我在十几岁的时候，曾经和别人辩论：梦想、幻想、理想、现实，这四个哪个更重要？我们谁也说服不了对方。

世界著名的寓言家、俄国作家克雷洛夫有一句名言：现实是此岸，理想是彼岸，中间隔着湍急的河流，行动则是架在河上的桥梁。

这是说理想与现实之间需要行动。

还有一种说法一度很流行：理想很丰满，现实很骨感。道尽了无奈。

但理想与幻想之间呢？区别可能也在于行动。

幻想是创造想象的一种特殊形式，由个人愿望或社会需要而引起，是一种指向未来的想象。积极的、符合现实生活发展规律的幻想，反映了人们美好的理想境界，往往是人的正确思想行为的先行。幻想是童话的基本特征，也是童话用以反映生活的特殊艺术手段，它是童话的核心，也是童话的灵魂，没有幻想就没有童话。

理想和梦想相近，但仍有区别，梦想可以理解为目标，分解为阶段规划，梦想的载体是阶段，理想的主线，是以践行开始并一直贯穿到底，有无限的生命力和无休止的追求。梦想在于完成，理想在于完善，梦想依赖阶段，理想则可以创造阶段，依附整个过程之上。梦想在实现，理想在践行。虽然没有褒贬之分，但相比之下，理想更加需要勇气，更加需要坚持，更加拥有尊严。梦想有时候可以随着阶段做调整，无论出于各种动机，可理

想却不能背叛，若背叛了就失去了灵魂。

理想是一种不会磨灭的精神，是意义哲学，是人格力量。

实现梦想，需要脚踏实地，思行合一。梦想没有捷径，如果有，那就是热爱。梦想不是欲望和需求，它包含了意义和真我，是脱俗而不是名利的。梦想需要巨大的付出和努力。

理想是梦想的升华，而梦想又是理想的轮回。

理想上升到最高程度，可以幻化成为信仰。

我最推崇梦想，因为没有梦想的话，幻想、理想、现实都无从谈起。

居里夫人说：首先要有一个美丽的梦想，然后把它变为现实。

人不能没有梦想，没有梦想的人，是没有毅力的，也是没有前途的；即使我们的梦想，暂时没有实现，甚至遭到了挫折，我们也要勇于面对现实，将梦想与现实对照，升华为远大的理想或目标，则大业可期了。

梦想很美，理想是理性的思考，梦想是浪漫的情思。有梦最美，筑梦踏实。

从梦想到幻想，幻想要交流论证，形成文字论述后变为理想，然后变为现实。

现在中国人都有一个共同的美好的梦想，就是中国梦。

习近平同志曾经说："每个人都有理想和追求，都有自己的梦想。现在，大家都在讨论中国梦，我以为，实现中华民族伟大复兴，就是中华民族近代以来最伟大的梦想。这个梦想，凝聚了几代中国人的夙愿，体现了中华民族和中国人民的整体利益，是每一个中华儿女的共同期盼。""中国梦意味着中国人民和中华民族的价值体认和价值追求，意味着全面建成小康社会、实现中华民族伟大复兴，意味着每一个人都能在为中国梦的奋斗中实现自己的梦想，意味着中华民族团结奋斗的最大公约数，意味着中华民族为人类和平与发展做出更大贡献的真诚意愿。""中国梦是追求幸福的梦。中国梦是中华民族的梦，也是每个中国人的梦。我们的方向就是让每个人获得发展自我和奉献社会的机会，共同享有人生出彩的机会，共同享有梦想成真的机会，保证人民平等参与、平等发展权利，维护社会公平正义，使发展成果更多、更公平地惠及全体人民，朝着共同富裕方向稳步前进。"

有了梦想，就会进行思维创新。

每天晚上我都会想一些事情，一次想不成熟，再想一次。每想一次，都是对认识的升华。

我感悟比较多的，是人生到底能不能把握方向和目标，就在于你怎么思维。

我在外面，看得太多，经历太多，一旦将所看到的、所经历的感性认识综合起来进行思考，上升为理性认识，就会思有所得。我的思维能够不断创新，也是因为我在外面看得多、经历得多。

现在有些年轻人为什么难以创新，往往不是他们的能力不够，而是视野的问题，主要因为他们没有机会"走出去"，看得和经历得太少。

"活到老，学到老，七十八十才学巧"

我13岁就辍学了，辍学的原因，并不是我成绩不好，而是家里太穷，上不起学。10岁那年，我上学了，但交不起学费，买不起书包，更不用说铅笔与本子。我就把窗户上的一块"挡蚊布"撕下来，包上一块脊瓦当"识字板"，每天背着它来来去去。别人丢弃的粉笔头、铅笔头，我就捡起来用。沉甸甸的脊瓦上既造

句又计算，成绩居然回回拿第一。

当时有个孟老师，十分喜爱我这个家道贫寒的孩子，破格奖励我一个本子、两支铅笔、四支粉笔。我别提有多高兴了，从此学习更刻苦、更认真了。上午上学，下午捡柴，一天只上半天课，但我门门课不落人后。二年级时课本发下后，我一周时间就看完了数学，做完了习题，眼巴巴地等着考试了。

但家里实在是太穷了，没法支撑我将学上下去。我不得不中途辍学，这也成为我很大的遗憾。

后来有人鼓励我：读万卷书，不如行万里路。

现在是凭分数高低上大学、选择专业，大学毕业后出来工作，一般也是干自己所学的专业，慢慢成为专业人才。

我没有条件上大学，但我尊重专业人才。我还认为，真正的人才，是要能够用人，特别是把专业人才的才能发挥出来的人。

专业人才一般都有相应的学历，但学历高的人才有时也有弱点，就是脑子不善于转弯，应变能力不强。而在实际工作中，不善于应变，会成为短板。

我知道自己年轻的时候读书少，所以我非常珍惜每一次学习的机会。每次出去开会，有些人把开会当作形式，应付一下，我不会这样，我把每次出去开会，都看作难得的学习机会，向内行学习，向同行学习，向实践学习。

陆游在教育子女时曾经说："古人学问无遗力，少壮工夫老始成。纸上得来终觉浅，绝知此事要躬行。"

我也经常对子女说，文化是标准的通用语言，没有文化肯定不行。我自己由于时代的局限、家庭的困难，没有能够完成学业，但对读书和文化的渴求，一直都在。如果读死书、死读书而脱离实际，就会成为书呆子；如果不读书学习，也不行，就像现在网上说的,"如果不读书,行万里路也不过是个邮差。"

2012年,我陪女儿在中国人民大学读管理课程,总共10节课,我上了7节。上课之前心里也很忐忑:我能听得懂吗?好在知识是相通的,我越听越听出其中的味道,渐渐也增加了自信。有一次教授讲财务流程管理,我当场指出:老师您讲得不对,如果按照您讲的这样的财务流程去操作,肯定会有漏洞,我们企业是这样完善财务流程的……老师讲到其他方面的管理,女儿就对我说:教授讲的这些,不都是您在乐化已经在使用的管理方法和做法吗?

人大授课结束后,我对女儿说,人生这所大学,我读了两个头,完成了学业,中间一块是边干边学,边学边用,我坚定了现在的思维,从梦想、幻想,到理想,再到现实,实践是检验真理的唯一标准。

学习中我特别感受到,各行各业都要建立自己的标杆,首先要学法、守法、懂法,用法律主张和维护自己的合法权益。

以前我从决策,到哪怕一次会议讲话,都会非常看重手下专业人才的建议,觉得他们读了那么多书,肯定比我行;从中国人民大学读书回来后,我自信心增加了不少,不大轻易否定自己了,自己深思熟虑的决策,就请其他同志提出建议加以完善,对员工的讲话我也会将开头和结尾写好,中间自由发挥,因为有了自信。

我是"活到老,学到老,七十八十才学巧"。

在这个世界上,除了年龄,没有什么是我们什么也不用做就可以增长的。人要抵达自由而全面发展的理想社会,更不是坐等就能够理所当然实现的,每个人都应当不断地学习、不断地增长学识和能力。作为社会的先进分子,党员干部更应该以身作则、

率先垂范，更应该"活到老，学到老"。习近平同志在《之江新语》中谈到如何学习时写道：面对我们的知识、能力、素质与时代要求还不相符合的严峻现实，我们一定要强化"活到老，学到老"的思想，主动来一场"学习的革命"。他还指出，知识经济时代，一个人必须学习一辈子，才能跟上时代前进的脚步。

我的学习主要分为两种情况，一种是为了管理企业而学习，这一方面我对企业所有员工、包括我自己提出的要求是"三学"：一学国家有关法律；二学公司制度；三学业务知识、生产工艺技术。这"三学"我将在后面详细介绍，这里不再赘述。

另一种是为了尽快适应履职需要、提高履职水平而学习，因为我除了是乐化集团的创办者和最高管理者外，还是一名共产党员、人大代表，所以我为了更好地履职，就自觉地把学习作为一项硬任务，坚持从四个方面下功夫。

一是根据履职需要，学习理论知识，夯实理论功底，因为牢记自己是一位党员，我认真学习党的理论，掌握毛泽东思想、邓小平理论、"三个代表"重要思想、科学发展观和习近平新时代中国特色社会主义思想。

二是为了更好地履职，为了搞好企业经营，我深入学习了宪法、地方组织法、代表法、选举法等相关法律，以及市场经济、宏观管理等方面的业务知识，夯实法律基础，掌握人大工作知识，做依法履职的明白人。

三是利用履职平台，向其他代表学习，增强履职能力。"三人行，必有我师。"人大代表是各行业的先进人物，我充分利用参加小组活动的时机，积极与代表们交流，虚心向他们请教，学习他们的履职经验。在参加有关会议、代表调研和视察时，我注意认真倾听其他代表的发言，做好记录，认真研究，提高了自己观察问题和分析问题的能力。

四是结合履职实践,向基层群众学习,提高自身素质。群众的智慧是无穷的。我跑基层、串农户,面对面与群众交心谈心。通过交流,我学到了很多书本上、工作中学不到的知识,真正了解到群众在想什么、干什么、愿望是什么,开阔了眼界,丰富了知识,找准了履行代表职责的切入点。

今后,我还要坚持"活到老,学到老"的精神,不断学习党的路线、方针、政策,不断提高理论水平、政策水平和认识水平,不断提高自身素质。

"好学才能上进",党和国家提倡加强学习,克服"本领恐慌",增强本领的途径就是学习和实践。如果不能主动加快知识更新、优化知识结构、拓宽眼界和视野,就无法赢得主动、赢得优势、赢得未来。

读万卷书和行万里路

习近平同志指出,要坚持干什么学什么、缺什么补什么,努力使自己真正成为行家里手、内行领导。与此同时,习近平同志更提倡实干,反对学习和工作中的"空对空"。他曾用战国赵括"纸上谈兵"、两晋学士"虚谈废务"的历史教训告诫党员干部,读书是学习,使用也是学习,并且是更重要的学习。他强调,领导干部要发扬理论联系实际的马克思主义学风,带着问题学,拜人民为师,做到干中学、学中干,学以致用、用以促学、学用相长,千万不能夸夸其谈、陷于"客里空"。

我的一生,是两步并作一步走,为什么这样说呢?就是边干边学。我学习的,都是自己工作当中必须急用的东西,常常是带

着问题学，学用结合，急用先学。

2017年浙江高考语文作文题目是这样的：

有位作家说，人要读三本大书，一本是"有字之书"，一本是"无字之书"，一本是"心灵之书"，对此你有怎样的思考？请对作家的观点加以评说。（自拟题目，写一篇800字的作文）

我认为这个题目出得好，人的知识的获得和积累，主要集中在对三本书的理解，这三本书内涵以层递关系排列。有字之书是最浅显的，那就是实实在在的书本；"无字之书"也就是社会积累，人生实践等等，如《红楼梦》中一副对联所言"世事洞明皆学问，人情练达即文章"；"心灵之书"又上升一个层次，人喜怒哀乐，亲情爱情等等，突出的是个人的主观感情。

以短篇小说《伤痕》开创了一个"伤痕文学"流派的作家卢新华，曾经从自己的生活道路和创作实践中归纳和总结出了"读三本书，走归零路"："它们不是一般意义上的书籍，而是三本大书。一本叫有字的书，一本叫无字的书，一本叫心灵的书。当然，也可以是一本叫'书本知识'，一本叫'自然与社会'，一本叫'自己的心灵'。"

有字之书，书本知识，无须太多解释。

无字之书，自然和社会，就是一句古训"读万卷书，行万里路"，就是"法乎自然"。留意到自己的履历"工农兵学"唯独缺商，卢新华在《文汇报》工作两年多以后，毅然辞去公职下海经商。之后，又远渡重洋去美国留学，不仅在美国蹬过三轮车，卖过废电缆，做过图书公司英文部经理，还在赌场发过牌。他每天阅牌、阅筹码、阅人无数，不仅逐步加深了对人性的了解，同时也一点点领悟和体会到了财富的"水性"：一枚枚的筹码便是一滴滴的水，一堆堆的筹码便是一汪汪的水，一张张铺着绿丝绒的牌桌则是一个个的水塘，而放眼整个赌场，就是一个财富的湖泊了。他坐在牌桌边，每天都可以看到张三的面前堆满了筹码，可不一会儿却都转移到了李四的面前，而李四如果不能见好就收，那高高摞起来的筹码很快又会没入他处……从这里，他懂得了财富之水不仅会流动、蒸发、冻结，同时还能以柔克刚，藏污纳垢。所以，阅读赌桌这本无字之书，最终也促成他写了《紫禁女》和《财富如水》这两本有字之书。

心灵之书，就是在读"书本知识""自然和社会"这两本有字和无字的书之外，更重要的还要经常地、反复地、不间断地阅读"自己的心灵"。只有当人类的心灵不再为尘垢所蒙蔽时，那一片湛蓝湛蓝的天空才会对人类重新开放。

《西游记》第九十三回写到《心经》，孙悟空说唐僧念得解不得，他自己却解得。八戒、沙僧在一旁笑死。唐僧正儿八经地对他们说："悟能、悟净，休要乱说，悟空解得是无言语文字，乃是真解。"说这话时，他们师徒已近西天了，唐僧、行者都已经得道，八戒、沙僧还在梦里。唐僧说的"悟空解得是无言语文字，乃是真解"，也就是说此时的悟空，掌握的已经不是有字的《心经》，而是无字之书、心灵之书。

故而，相较于读"书本知识"和"自然和社会"，读好"自己的心灵"当是人生的要务。当然，这三本大书也不是可以割裂开来读的，我们读"书本知识"的时候，必定会联系到"自然和社会"，我们读"自然和社会"时，常常也需要通过读"书本知识"来对自己的人生经验加以总结和概括。

毛泽东同志是政治领袖，又是读书人，他对读书、对书本的看法，他读书的风格，非常值得借鉴，他反对死读书，反对不

真读，不择读，不善读，不深读，反对思维方式的僵化，泥古不化，反对脱离实际的读书，主张社会实践。

1963年，毛泽东同志曾撰文指出：人的正确思想是从哪里来的？是从天上掉下来的吗？不是。是自己头脑里固有的吗？不是。人的正确思想，只能从社会实践中来，只能从生产斗争、阶级斗争和科学实验这三项实践中来。人们在社会实践中从事各项斗争，有了丰富的经验，有成功的，有失败的。无数客观外界的现象通过人的眼、耳、鼻、舌、身这五个官能反映到自己的头脑中来，开始是感性认识。这种感性认识的材料积累多了，就会产生一个飞跃，变成了理性认识，这就是思想。这是一个认识过程。毛泽东同志认为，这是整个认识过程的第一个阶段，即由客观物质到主观精神的阶段，由存在到思想的阶段。这时候的精神、思想（包括理论、政策、计划、办法）是否正确地反映了客观外界的规律，还是没有证明的，还不能确定是否正确，然后又有认识过程的第二个阶段，即由精神到物质的阶段，由思想到存在的阶段，这就是把第一个阶段得到的认识放到社会实践中去，看这些理论、政策、计划、办法等是否能得到预期的成功。一般地来说，成功了就是正确的，失败了就是错误的。

毛泽东同志还深刻地指出，有时候有些失败，并不是因为思想不正确，而是暂时地失败了，但是以后总有一天会要成功的。人们的认识经过实践的考验，又会产生一个飞跃。这次飞跃，比起前一次飞跃来，意义更加伟大。

2016年五一前夕，习近平同志谈到广大青年要如饥似渴、孜孜不倦学习，既多读有字之书，也多读无字之书，注重学习人生经验和社会知识，注重在实践中加强磨炼、增长本领。他曾经自述：在陕北农村插队时，他酷爱学习，白天干一天活，深夜还要在煤油灯下读书，读那些砖头一样厚的书。不仅如此，他还带领社员到寨子渠打坝、给社员们大办沼气，解决烧柴问题。正是因为不仅读有字之书，还在社会实践中读无字之书，他才拥有了深邃的政治智慧与高超的治国能力。所以，一个人如何学习，如何成才，就应该在读有字之书与读无字之书中找到答案。

正如有人说的，有字之书需苦读，而无字之书需苦悟。如果说有字之书是他人的智慧结晶，那无字之书就是每一个人在前行的过程中自己所要积攒的智慧、勇气与力量。

我认同这句话：读万卷书，不如行万里路；行万里路，不如阅人无数；阅人无数，不如有高人指路；高人指路，不如有贵人相助；贵人相助，不如自己去悟。

第十章　履职但求为黎民

身在基层，心系民生

1994年，昌乐县委、县政府制定实施了《昌乐县股份制改革意见》和《善于鼓励个体私营经济发展的意见》。1996年，昌乐在全县实施企业改制，推行企业买断产权、领导班子控大股、剥离经营等多种方式，搞活企业，进一步扩大民营经济的份额。

为深化企业改革，1996年，乐化公司实行了"持股个人化、股份集中化"的股份制改造，共募集股本2 854.3万元，董事会股本1 193.1万元，占股本总额的41.8%，董事长股本605.8万元，占董事会股本的50.8%。这一改革为企业快速发展奠定了基础，改制后企业活力大增，1997年1~7月完成销售收入2.15亿元，实现利税2 034万元。

1997年10月，中国共产党山东乐化集团有限公司委员会成立。

1997年11月4日，中央有关部门到乐化集团考察。考察的同志问了我三个问题：

"你是不是党员？"

"你们企业存在不存在剥削？"

"你为什么要改制持股？"

我坦率地回答：

"改制的政策和效果非常好。改制让我们拥有了很大的自主权，有利于企业的经营和发展。"

"如果你们认为党员不应该改制持股，改制持股必然会产生剥削，我并不赞成这样简单化的认识。判断这一问题，要看改制究竟是为我们自己、为我们个人，还是为了社会。虽然改制了，但工厂的一草一木我都没有拿回家，我在为企业和社会工作，压力很大，如果觉得改制不妥，可以将工厂拿回去，这样我个人还轻松了。"

改革开放以来，党中央和邓小平同志提出"贫穷不是社会主义"，主张"让一部分人先富起来"。在对待安徽"傻子瓜子"雇工经营等问题时，邓小平同志一直坚持不要担心雇工问题，"让'傻子瓜子'经营一段，怕什么？伤害了社会主义吗？""农村改革初期，安徽出了个'傻子瓜子'问题。当时许多人不舒服，说他赚了一百万，主张动他。我说不能动，一动人们就会说政策变了，得不偿失。"在1992年南方谈话中，邓小平指出："社会主义的本质，是解放生产力，发展生产力，消灭剥削，消除两极分化，最终达到共同富裕。"消灭剥削，成为社会主义的本质内容之一。考察的同志问我们企业是不是存在剥削问题，也是当时理论界和社会上争论十分激烈的问题。而党的十五大再次强调我国正处在社会主义初级阶段，社会主义初级阶段的根本任务是发展生产力，除了加快国有经济的发展以外，还有"三个离不开"：一是离不开引进外资，利用外资来发展社会主义；二是离不开调整所有制结构，发挥非公有制经济的积极作用；三是离不开变革现有的分配关系，在坚持按劳分配为主体的前提下，允许生产要素参与收益分配。

考察的同志问我："作为在企业工作的你们，对党是什么看法？"

我爽快地回答："中国离不开共产党。我们虽然是企业，但从管理者到普通职工，心里最大的愿望就是加入中国共产党。"我实话实说。

当时中央有关部门的同志来我们企业考察，也希望了解党的十五大的理论突破在实际工作中的反响如何。党的十五大进一步强调对所处社会主义初级阶段的基本国情要有统一认识和准确把握，特别提出要全面认识公有制经济的含义。公有制经济不仅包括国有经济和集体经济，还包括混合所有制经济中的国有成分和集体成分。公有制的主体地位主要体现在：公有资产在社会总资产中占优势；国有经济控制国民经济命脉，对经济发展起主导作用。公有制实现形式可以而且应当多样化。一切反映社会化生产规律的经营方式和组织形式都可以大胆利用。完善分配结构和分配方式。坚持按劳分配为主体、多种分配方式并存的制度。把按劳分配和按生产要素分配结合起来。党的十五大提出的这些重大理论突破，来源于对改革开放现实问题的解答。

党的十五大之后，很多地方的中小企业普遍采取了员工持股，或者让经营者收购这个企业。过程中确实出现了一些问题，如有些企业有意识地把利润做少、做亏损，甚至故意将净资产变成负数，这样经营者团队就可以用很少的资金收购这个企业，甚至出现"半卖半送"的情况。当时还有个别地方企业的内部职工股超比例、超范围发放，发放到了社会上，甚至到了政府部门。这些问题引起了中央的高度重视。但是，国有企业的股权多元化，是党的十五大之后国家的重要政策，股权多元化可以改善管理、提高效率，而且，股权多元化并不等于私有制。我们党对这一问题的认识越来越清晰，党的十八届三中全会明确，"允许混合所有制经济实行企业员工持股，形成资本所有者和劳动者利益共同体"。

考察的同志问我是不是党员，问我在企业工作的管理者对党是什么看法，也与当时及后来关于私营企业主是否可以入党而引起的广泛争议有关。有的人提出了疑问，企业的所有者、管理者，特别是私营企业主，这些人能入党吗？他们在政治上靠得住吗？这样的疑问和担心涉及一个重大的理论问题：判断人们政治上先进与落后的标准究竟是什么？

2001年7月1日，江泽民同志在庆祝中国共产党成立80周年的大会上指出，不能简单地把有没有财产，有多少财产当作判断人们政治上先进，或者是落后的标准，而主要应该看他们的思想政治状况和现实表现，看他们的财产是怎样得来的，以及对财产怎么支配和使用，看他们以自己的劳动对建设有中国特色社会主义事业所做的贡献。这些新的认识和判断标准，为私营企业主的入党问题做出了结论。

我们党发展党员，重点是在工人、农民、知识分子、军人和干部中进行，他们是党的队伍最基本的组成部分和骨干力量。同时，也吸收承认党的纲领和章程、自觉为党的路线和纲领而奋斗、经过长期考验、符合党员条件的社会其他方面的优秀分子入党，这有利于改善党的队伍结构，有利于提高党的社会影响力和凝聚力，有利于改变非公有制经济组织中党的工作薄弱的状况，增强党对非公有制经济领域的影响力和控制力。

我们党和国家制定方针政策，有一个优良传统，就是善于从千百万人民群众生动的实践中，总结提炼，加强政策的科学性和针对性，并反过来指导实践。有关部门这次来乐化调研，实际上也是意在从基层企业、从群众实践中了解党和国家方针政策落实过程中的反应、效果，并进一步提炼，为理论指导和科学决策服

务。乐化集团能够参加这样的调研，我也感到机会难得。

在这次调研对话中，我直言不讳地反问了几个问题：

"为什么现在许多中国人有钱不敢花？"

"为什么不少中国人重男轻女？"

他们也疑惑：那你说说为什么呢？

"没有保障。"我直言不讳地说，"请你们向领导同志反映，一定要尽快解决人民群众的保障问题，特别要善待农民，他们对国家的贡献都是节省出来的，国家一定要赶紧出台政策，让农民享受到改革开放的成果。"

农民苦，农民没有保障，是我的切身体会。

"三农"问题作为一个概念提出来，是在20世纪90年代中期，此后逐渐被媒体和官方引用。其实历届中央领导集体都十分关注"三农"问题，一直提"把农业放在国民经济发展的首位""加强农业基础地位"，后来称其为"全党工作的重中之重"，但解决起来非一日之功。直到2008年党的十七届三中全会通过的《中共中央关于推进农村改革发展若干重大问题的决定》中，对"三农"问题仍然用"三个最需要"进行了总结：农业基础仍然薄弱，最需要加强；农村发展仍然滞后，最需要扶持；农民增收仍然困难，最需要加快。"三农"问题是中国改革的焦点问题。党的十九大提出实施乡村振兴战略，指出：农业、农村、农民问题是关系国计民生的根本性问题，必须始终把解决好"三农"问题作为全党工作重中之重。要坚持农业、农村优先发展，按照产业兴旺、生态宜居、乡风文明、治理有效、生活富裕的总要求，建立健全城乡融合发展体制机制和政策体系，加快推进农业、农村现代化。

为什么不少中国人重男轻女？大多数中国人被排除在社会保障制度之外，或者社保水平很低。农村居民和没有退休金的城市居民，必须自己筹划养老。他们所能够依靠的，一是子女，二是储蓄。20世纪80年代开始，中国政府逐步实施了独生子女政策。这一政策使赡养老人的压力只能集中在一个子女身上，"嫁出去的女儿，泼出去的水"，儿子似乎可靠一些。即使这样，子女对老人的赡养上，存在诸多不尽如人意的地方。部分家庭子女本身生活比较困难，无力赡养，呈现贫困赡养；有些家庭虽有赡养能力，但少数子女法律意识淡薄，不愿赡养。缺少养老保障的人，更加把养老的希望寄托在养儿防老上。

中国人为什么有钱不敢花、只想着存钱？西班牙媒体曾公布一份数据，国际货币基金组织、世界银行和美国中央情报局2015年度《世界概况》显示，世界上收入储蓄水平最高的三个国家分别是：卡塔尔、科威特、中国。为什么中国人不敢花钱？并非国人甘愿做"守财奴"，而是当前社会保障制度不健全、社会保障水平不够高以及社会财富分配不均匀，导致大家没有足够的后续保障，进而导致"全民储蓄"，有钱不敢花。中国人有钱不敢花，当然有许多原因，比如，要存钱作为子女教育费用、子女结婚费用，还要为子女应对高房价做贡献，但最根本的，还是"存钱防老""存钱防病"。过高的医疗费支出，使许多人无奈地感叹："小病撑着，大病扛着，重病拖着，危病等着"。大多数病人为钱所困，疾病难以及时有效地治疗，甚至有的家庭因病而致贫。

2002年10月，《中共中央、国务院关于进一步加强农村卫生工作的决定》明确指出：要"逐步建立以大病统筹为主的新型农村合作医疗制度"，"到2010年，新型农村合作医疗制度要基本覆盖农村居民"，"从2003年起，中央财政对中西部地区除市区以外的参加新型合作医疗的农民每年按人均10元安排合作医疗补助

资金，地方财政对参加新型合作医疗的农民补助每年不低于人均10元"，"农民为参加合作医疗、抵御疾病风险而履行缴费义务不能视为增加农民负担"。这是我国政府历史上第一次为解决农民的基本医疗卫生问题进行大规模的投入，明确提出各级政府要积极引导农民建立以大病统筹为主的新型农村合作医疗制度。2009年，中国作出深化医药卫生体制改革的重要战略部署，确立新农合作为农村基本医疗保障制度的地位。国务院决定，从2009年起开展新型农村社会养老保险（以下简称"新农保"）试点，探索建立个人缴费、集体补助、政府补贴相结合的新农保制度，实行社会统筹与个人账户相结合，与家庭养老、土地保障、社会救助等其他社会保障政策措施相配套，保障农村居民老年基本生活。2009年试点覆盖面为全国10%的县（市、区、旗），以后逐步扩大试点，在全国普遍实施，2020年之前基本实现对农村适龄居民的全覆盖。

"使老有所终，壮有所用，幼有所长，鳏寡孤独废疾者，皆有所养。"儒家设想的所谓"大同世界"正在成为现实。

习近平同志曾经指出：我们有一千八百万左右的城镇低保人口，对他们而言，要通过完善各项保障制度来保障基本生活；对一亿三千万多六十五岁以上的老年人，要增加养老服务供给、增强医疗服务的便利性；对二亿多在城镇务工的农民工，要让他们逐步公平享受当地基本公共服务；对上千万在特大城市就业的大学毕业生等其他常住人口，要让他们有适宜的居住条件；对九百多万城镇登记失业人员，要让他们有一门专业技能，实现稳定就业和稳定收入；等等。总之，我们要坚持以人民为中心的发展思想，针对特定人群面临的特定困难，想方设法帮助他们解决实际问题。党的十九大提出：加强社会保障体系建设。按照兜底线、织密网、建机制的要求，全面建成覆盖全民、城乡统筹、权责清晰、保障适度、可持续的多层次社会保障体系。

1995年开始，我们企业发展得很顺利，慢慢好起来的时候，一些同志感觉很牛。我就给他们泼冷水：你们不要牛，我们企业发展，离不开国家和世界，一个企业、个人，哪怕再有钱，也要依靠党和国家给我们创造的发展环境，别的不说，国家的军队用来保家卫国，不就是保护了我们吗？国家的公检法不就是用来维护社会公平正义和秩序的吗？否则我们企业发展、个人的工作和生活，能有安宁的环境吗？

我始终认为，作为先富起来的企业家群体，一定要谦虚谨慎，特别需要想着自己的社会责任，想着社会上的穷人和生活在底层的群众，想方设法改善他们的生活，为推进共同富裕而努力。我们国家会保护、鼓励依法致富的人，不会"劫富济贫"，但作为先富裕起来的人，一定要为国家实现富裕的目标做贡献。党的十九大报告指出，让贫困人口和贫困地区同全国一道进入全面小康社会是我们党的庄严承诺。要坚决打好防范化解重大风险、精准脱贫、污染防治的攻坚战，使全面建成小康社会得到人民认可、禁得起历史检验。

现在许多企业家，如马云、刘强东等，都在响应党和国家的号召，运用自己的影响力，带领公司投入到脱贫攻坚事业中。马云、刘强东等企业家都是我很佩服的人，他们关注贫困群体、弱势群众，致力于发挥自己的力量为党和国家的脱贫攻坚贡献力量，我佩服他们的境界。

所提议案没有一件是为了乐化自身利益

凭着对事业的一腔赤诚，对社会的强烈责任感，我先后荣获

了省优秀共产党员，省优秀乡镇企业家，省"富民兴鲁"奖章，省劳动模范等荣誉称号，并当选为县、市、省三级人大代表。在一系列的荣誉面前，我感到了更大的压力和责任。

作为一名人大代表，就需做老百姓的贴心人和代言人，要不负人民重托，想群众所想，急群众所急，忠实履行代表职责，为人民多办实事。我注重深入到基层农民、一线工人、教育和医疗工作者中去，倾听群众呼声、集中群众智慧、反映群众意愿，积极为民代言。我通过设立公开电话、电子邮箱、调查调研等方式，加强与群众的联系，平均每年联系走访群众600多人次，参加调查视察活动8次、代表小组活动9次。

自当选人大代表以来，我在召开的县、市、省各级人代会期间，先后提出议案和建议20多件，成为本届以来潍坊代表团提出建议最多的省人大代表之一。我提的议案和建议，大多得到了各级人大、政府的高度重视，并得到了有效解决。作为昌乐县新的交通大动脉潍红公路的修建，就与我所提建议有关。省人代会期间"关于加快秸秆气化炉推广使用步伐的议案"、潍坊市人代会期间"关于对汶河截潜流、改善生态环境的议案"等，受到了各级政府及相关部门的高度重视，得到了较好的办理效果，赢得了群众的广泛好评。

我被群众誉为"看得见、摸得着、办实事的人大代表"，被评为省优秀人大代表。

我提的建议，没有一件是为了乐化自身，都是为了社会，为了群众。

当你老了，靠什么养老？2015年，职工养老保险扶养比由2014年的2.97∶1降至2.87∶1，意味着不到每3个劳动人口就要养1个老人。2016年，养老金待遇上调幅度从12年来的10%下降为6.5%，这意味着劳动者年老或丧失劳动能力后拿到手的养老金相对变少了。身边不乏有人会讨论："老龄化趋势这么严重，等我们老了政府有能力养吗？"尽管国家在政策层面上作了不少努力，但养老问题的严重性迫使我们不得不开始提前考虑如何养老。

从有关方面对不同群体养老预期的调查分析来看，青年人比中年人更为乐观，老年人的养老预期最高；有子女的群体比无子女的群体更为乐观，生男孩的比生女孩的更为乐观，子女数量越多越乐观，非独生子女比独生子女更为乐观；乡镇村居民比城市居民更为乐观。

完善社会保障，加大养老扶持力度，注重社会公平，全民共享幸福晚年，已经成为人民群众非常关注的公共政策。

2009年，我在农村调研时，看到一部分孤寡老人生活非常困难，他们住着20世纪70年代的土坯房子，穿着破旧的衣裳，吃着十分简单的饭菜，许多人的身体健康状况极差。他们虽然享受着新农合、最低生活补助等政策保障，但随着年龄的增长、劳动能力的丧失，现有的保障水平已不能完全解决他们的生活困难。在查阅了大量的资料和法律法规并经过认真思考整理后，我在省人代会上提出了《关于进一步提高城镇居民和农民社会保障水平的建议》：

一、存在问题

当前，中国老龄化比例已达12.5%，老龄化问题日趋严重，特别是一些城镇低收入居民和广大农民，随着年龄的增长或劳动能力丧失，虽然已经享受到城镇居民医疗、新型农村合作医疗等保障制度，但因社会保障水平较低，依然存在生活保障难，患病治疗难，生活质量和水平随着年龄增长而下降，这与党和政府加

快发展生产力、不断提高人民生活水平的目标是相背的。

二、建议意见

建议省政府加大对社会保障的投入力度，采取切实有力的措施，加快推进山东省社会保障体系建设，努力提高社会保障水平。要进一步加大省级财政对社会保障的投入力度，按照中央关于"个人缴费、集体补助、政府补贴相结合""加大中央和省级财政补助力度，不断提高保障标准和补助水平"的要求，政府出大部分，个人出小部分，重点做好养老保险、医疗保险，真正做到老有所养，病有所医，彻底改善城镇低收入居民和农民后半生的生活质量和水平。

山东省政府随即责成有关部门提高山东省农村群众医疗和养老标准，健全完善城乡医疗救助、城乡低保、农村五保供养等制度，有效地改善了低收入群众的生活现状。

我很早就注意到，中国人口老龄化日趋严重，已经成为社会问题。一方面，由于公共文化基础设施薄弱等原因，老年人晚年生活平淡，缺少乐趣；另一方面，55岁、60岁退休的同志经验丰富，精力也还充沛，闲居在家无所事事，余热得不到发挥。

针对这一问题，我提出《关于加强公共文化基础设施建设和完善老龄工作机制的建议》。

一是加强公共文化基础设施建设。加大省级财政对老年人服务体系的投入力度，主要抓好公共文化基础设施建设，为老年人学习、文体、娱乐、交往等社会活动的需求提供必需的条件，开展适合老年人特点的文化、体育活动，丰富老年人生活，使他们幸福地安度晚年，做到老有所乐。

二是完善老龄工作机制。通过建立完善老龄工作机制，充分发挥老年人在维护社会稳定、调解矛盾纠纷、反映群众心声等方面的作用，积极引导老年人利用自己常年积累的知识、技能和经验，继续发挥"余热"，积极发挥作用，做到老有所为。

还有一次，我与一名来自山东南部的工人交谈，了解到这位工人的家乡发展慢源于交通基础太差。于是，我联名其他代表提出"关于修建济青高速南线"的议案。随后，省政府多次召开专题会议研究，最终决定在山东南部高标准修建了青莱高速公路，贯通了地形复杂的鲁中山区，推动了山东南部的经济发展。

我还提出《关于建设青银高速186出口经309国道至潍（坊）青（州）公路连接线工程的建议》。

青银高速186出口经309国道至潍（坊）青（州）公路连接线工程全长8.5千米，拟按一级公路标准设计。项目位于潍坊市中西部，地处寿光市、昌乐县、青州市三市县交界地带，起于青银高速186出口潍坊市寿光市纪台镇境内，经昌乐县宝城街道西，止于潍（坊）青（州）公路青州市谭坊镇境内，是潍坊市域内青银高速公路、309国道和潍（坊）青（州）公路的连接线，项目所在地位于山东半岛潍坊蓝色经济区内，项目经过著名的寿光蔬菜产销基地、昌乐县尧沟瓜菜产销基地、青州市花卉产销基地。本项目的建设，将打通青银高速公路与309国道与潍（坊）青（州）公路之间的联系，进一步优化该区域内整体路网结构，加强三个市县纵向的经济和各项联系，极大带动该区域经济和社会各项事业的发展。

由于该工程投资较大，加之地方财政基础薄弱，建议省政府加大对该项目工作的推进力度，促使该项目尽快立项，切实加大资金投入力度，保证该项目尽快完工，早日投入使用。

新建的昌乐火车站建筑面积4 866平方米，其中地上一层、地下一层，建设了出站口、售票厅、候车厅、行包用房、餐厅等设施，可为旅客提供"安全、舒适、快捷、有序"的乘车服务。新站房已于2010年10月10日恢复办理客运业务时投入使用，日均发送旅客约500人次，极大地方便了周边群众出行。但是，当时昌乐火车站仅有D6005济南到青岛、D6004青岛到济南东、D54青岛到北京南、D6013济南东到青岛、D6015济南到青岛、D6016青岛到济南6辆动车进站停车，而且区域主要是青岛到济南之间。而普通列车均不在昌乐进站停车，给昌乐及周边群众外出和外地人员到昌乐出差带来了一定的不便，对于火车站资源也是一种极大的浪费。

为此，我提出《关于增加昌乐火车站停车车次的建议意见》，建议省政府及相关部门积极协调济南铁路局，在条件允许的情况下，在昌乐火车站6辆动车进站停车的基础上，增加部分普通列车进站停车车次，特别是增加昌乐到烟台、威海方向，昌乐到广州方向的列车车次，更好地为昌乐及周边群众出行提供方便。

最关注医疗和教育

群众"看病难、看病贵"的问题，特别是患大病、疑难病导致返贫的问题，一直是我的"心病"。我曾经提出《关于加快公立医院发展、规范社会力量办医行为的建议》。

一、存在问题

当前，公立医院改革试点工作积极推进，各医疗机构推出了一些便民、惠民措施，在保障群众身体健康上发挥了积极作用，但医疗费用仍然增长较快，医院的公益性还没有得到很好地体现。由于受历史的原因和各方面条件的限制，群众看病难、看病贵的问题，特别是患大病、疑难病导致返贫的问题还没有根本性解决。

二、建议意见

一是加大公立医院的财政支持力度。加大财政投入力度，保障公立医院基础设施建设、大型医疗设备购进、引进高端拔尖人才等方面的经费需求，减少医院因为生存、营利性压力造成百姓看病贵的问题，显现其公益性，让老百姓看得起病。

二是适时调整医疗服务价格。目前执行的医疗服务价格仍然是省里2002年制定的标准，已经不能适应市场经济和社会发展要求，建议省政府有关部门尽快出台新的医疗服务价格，构建医疗服务价格形成机制，符合医疗服务发展和经济社会发展要求。

三是提高医疗专业技术人才补贴。通过提高和落实人才补贴，鼓励调动公立医院人才队伍的积极性，保障公立医院的医疗水平。

四是规范社会资本办医行为。要根据医疗市场发展需求，在符合医疗机构设置规划和要求的标准和前提下，加大加快引进社会资本举办医疗机构力度，进一步规范社会资本办医行为，满足广大群众多层次的医疗服务需求。

长期以来，在公务员、事业单位、干部考选中，经常出现"报考人员学历必须为普通高等教育全日制本科及以上学历"，部分招考单位甚至出现"本科毕业院校必须是国家'211''985'院校"的要求，众多国家承认的其他性质的学历文凭被排除在外，这些非全日制本科的考生成了被歧视的对象。而且对这样明

显的歧视，社会上似乎也见怪不怪、习以为常了。

对此，我提出《关于在公务员、事业单位、干部考选中取消学历教育全日制本科限制的建议意见》。

选拔公职人员的目的，在于从社会中选拔适合工作岗位要求的优秀人才。《中华人民共和国教育法》《中华人民共和国公务员法》等相关法律法规都明确规定："高等教育自学考试、成人教育等国家正式批准的学历教育，纳入国民教育序列，其学历证书与全日制教育学历证书具有同等效力。"对于招考单位来讲，最重要的不是选择具有何种性质学历的人员，而是要选出优秀的适合岗位要求的人才。在同等条件下，只要报考人员具有国家认可的同等学历，就应该一视同仁、同等对待，提供平等的竞争机会，而不能取消、拒绝相关人员的报考资格。实践中，政府机关、人事部门在录用公职人员时，时常出现"关于报考人员的学历必须达到全日制本科学历"的明确要求，整个社会产生的潜移默化的示范性影响可想而知，一定程度上损害、制约了相关人员自学成才的积极性。因此，建议省政府及人事部门将"全日制××学历"的要求改为"国家承认的××学历"，取消学历歧视。同时，省政府及人事部门应该加大对公务员、事业单位、干部考选等招考条件的监督检查力度，对于存在学历歧视的行为，责令招考单位予以整改，否则，取消招考资格。

如同光明网一篇评论所言：反就业歧视是毕业季最好的礼物。

"就业是最大的民生。"老百姓培养一个子女，从牙牙学语，到走出大学校门，不知道付出多少精力，寄托了多少希望，但学生刚出校门一进入社会，就要受到于法无据的这样的学历歧视，这对于毕业季的应届生来说，特别对于他们的家长，是何等的不公平。

可喜的是，这样的不公平正在逐渐受到重视并得到纠正。教育部在《关于做好2017届全国普通高等学校毕业生就业创业工作的通知》中就明确，坚决反对任何形式的就业歧视，凡校园招聘活动严禁发布含有限定院校、性别、民族等歧视性信息。然而，中国高校传媒联盟面向来自100余所高校的605名应届毕业生进行问卷调查，结果显示，75.7%的受访者表示曾在找工作时受到过不公平的对待。教育部数据显示，2017年有近800万大学生毕业，几乎与瑞士的人口数量一样多。创纪录的毕业人数、反弹乏力的宏观经济，已经令毕业生们心有戚戚。如果再有不少企业把985、"211"等"门槛"挂在嘴上，那应届毕业生在就业市场上几乎没有什么对等的话语权。

正如光明网评论员指出的：只有在法治框架内，事情才有纾解的可能。眼下的共识其实也很简单：毕业季的就业歧视不仅是个职场痼疾，更指向法治环境；给应届毕业生最好的礼物，也许不是抽象的祝福，而是公平有序的就业环境。

始终忘不了农村这片厚土

我来自农村，对农村非常了解，也怀着深厚的感情。现在，农村的发展早已发生了翻天覆地的变化，我们感到自豪和骄傲。但在成绩面前，我们是不是更应该冷静下来，换位思考一下，今后农村的发展方向是什么？农业的发展方向是什么？农民的需求是什么？

后来我提出了《关于加快发展现代农业的建议意见》。

一、问题和现状

一是农村和农业经济结构不合理。农产品中一般性品种多，专用品种少；大路货多，名优产品少；初级产品多，加工产品少，而精深加工产品更少，结构性矛盾十分突出。

二是农业产业化经营层次低。除少数地区农业产业化龙头企业发展比较好外，大多数地区还缺乏龙头企业带动，企业规模小，缺乏知名品牌，竞争力不强。农业合作社、农业企业与农户的利益联结机制还不完善、不稳固。农业产业化支撑体系建设缓慢，社会化服务功能不完善、不配套，市场信息网络体系建设滞后。

三是农业生产技术落后。农业科技推广专业技术队伍人才匮乏，乡村两级政府和组织基本没有建立起专业的农技推广队伍，制约了农业新技术的推广和应用。农业科技缺乏创新机制，农业生产科技成果储备不足，缺少既可以大幅度增产又能提高农产品品质的新品种和新技术，农业生产效率有待提高。

四是农产品质量没有保证。由于农业生产大部分仍为农户分散经营，在投入品的使用上难以进行统一管理；面对众多的农户，农业部门在农业投入品监管、农产品检测等方面存在很大难度，导致农产品质量得不到保证，出现质量问题很难进行责任追溯。

二、建议意见

一是创新农业经营机制，提高农业经营规模化水平。创新土地承包经营权流转形式，完善流出土地农户社会保障，加快土地向农业产业基地、农业经营主体集中，实施土地的集约化生产，大力推行高效、生态、立体的种养模式，提高农业可持续发展的能力。

二是创新产业发展方式，提高农业多领域发展水平。立足本地优势农产品，加大产品的推介力度，政府要提高会展、招商和信息服务的水平，设立激励性发展基金，加大扶持奖励力度，支持和发展农业合作社、加工园区，着力打造农业品牌。大力发展农产品物流业，建立农产品配送中心，实现从农产品收购、包装、加工、运输、储运到最终上市的全程服务。

三是创新农业科技推广机制，提高农业科技水平。继续深入完善农技推广体系改革，不断创新服务载体和形式，大力发展社会化农技服务组织，鼓励各类农业经营主体引进科技人才，努力构建起完善的服务和推广体系。积极探索新型农民培养途径，创新农业信息服务模式，不断提高从业农民的整体素质。

四是创新农业监管形式，提高农产品质量安全水平。进一步完善标准化生产、农资信用管理、质量抽检、信息发布、产品认证、重大动植物防控工作责任制等农业安全管理体系，健全可追溯管理，形成政府管理和市场约束的双重监督，凡是进入市场、超市等进行销售的农产品必须出具质量报告单，确保农产品质量安全。

令人欣慰的是，党中央高度重视农业、农民和农村工作，几乎历年的一号文件都是关于加强"三农"工作的，农业丰则基础强，农民富则国家盛，农村稳则社会安，也已经成为全社会的共识。2007年中央一号文件《关于积极发展现代农业扎实推进社会主义新农村建设的若干意见》，更是聚焦发展现代农业。其中提出，发展现代农业是社会主义新农村建设的首要任务，要用现代物质条件装备农业，用现代科学技术改造农业，用现代产业体系提升农业，用现代经营形式推进农业，用现代发展理念引领农

业，用培养新型农民发展农业，提高农业水利化、机械化和信息化水平，提高土地产出率、资源利用率和农业劳动生产率，提高农业素质、效益和竞争力。

中央还要求，坚持把解决好"三农"问题作为全党工作的重中之重，统筹城乡经济社会发展，实行工业反哺农业、城市支持农村和多予少取放活的方针，巩固、完善、加强支农惠农政策，切实加大农业投入，积极推进现代农业建设，强化农村公共服务，深化农村综合改革，促进粮食稳定发展、农民持续增收、农村更加和谐，确保新农村建设取得新的进展，巩固和发展农业农村的好形势。

中央要求的加大对"三农"的投入力度，加快农业基础建设，提高现代农业的设施装备水平，推进农业科技创新，开发农业多种功能，健全发展现代农业的产业体系，健全农村市场体系，发展适应现代农业要求的物流产业，培养新型农民，造就建设现代农业的人才队伍，深化农村综合改革，创新推动现代农业发展的体制机制，等等，都为发展现代农业明确了具体举措。

党的十九大报告提出实施乡村振兴战略，指出：农业农村农民问题是关系国计民生的根本性问题，必须始终把解决好"三农"问题作为全党工作重中之重。要坚持农业农村优先发展，按照产业兴旺、生态宜居、乡风文明、治理有效、生活富裕的总要求，建立健全城乡融合发展体制机制和政策体系，加快推进农业农村现代化。

第十一章　过去靠闯劲，现在靠法治

法治成就人的道德品质

我对国家发展方面取得的巨大成绩非常欣喜之余，坦率地讲，有一段时间，我也对发展中存在的一些问题忧心忡忡，这些问题，我感觉最强烈的，是物欲横流，不讲诚信，特别是不讲法治、不依法办事。

党的十九大报告指出，必须清醒地看到，我们的工作还存在许多不足，也面临不少困难和挑战，其中有一条是"全面依法治国任务依然繁重，国家治理体系和治理能力有待加强"。

儒家思想以德治国，以礼治民。"德主刑辅""礼法合治"是一种成熟的治国策略：它代表了一种兼容并蓄的政治，既避免了纯任儒家的迂腐柔弱，也避免了纯任法家的苛察严酷。倡导以德治国，说明治国者已经清楚地认识到教化人心和思想宣传的重要性，这是治国技巧更加圆熟的标志。倡导依法治国，说明治国者已经告别了传统儒家的空洞的政治理想主义，而具有了清醒的政治现实感。"德主刑辅""礼法合治"这一传统治理国家的主流思想，对于今天我们实施以德治国和依法治国相结合，具有很现实的启迪意义。

新中国成立后，我们建立了各项规章制度和法律，借鉴了其他国家的法律管理。因为当时的老百姓还不懂制度，不懂法律，

于是中国共产党领导全民学法、懂法。

其实，法律也是准确的定量，你违反了哪一条，该受到什么惩罚，都有量的规定。现在，法律的执行更加严格，对执法的考核也更加严格。我们是一个追求诚信的民族，诚信的国家，现在强调依法治国，也就是今后要以法律为准绳，法律有明确的标准，明确的数字，违法构成多大数额处以怎样的处罚、判刑，都有明确依据。这就是有法可依。

我在公司会议上对我的同事、特别是班子说了这个观点：大家一定要清楚，要转变思想观念，法治的最终目的也是约束人们讲诚信，成就人的道德品质。但是过去的道德品质教育没有太多的约束力，现在的法治有明确的量化标准，轻则处罚，重则判刑，严重者处以极刑。现在包括我们昌乐也在转变，前段时间在网上公布了一些老赖的名单，欠款不还的，国家已经实行高消费行业对信誉不良人群的联网监控。通过与司法系统领导交流后得知，几个地方的老赖已经尝到"甜头"了，欠人家钱不还自己挥霍了，但是苦头也尝到了，出发坐高铁时输入身份证号码购票，被告知因失信不具备坐高铁的待遇，不能购票。去高档酒店住宿输入身份证号码时，也被告知因失信而被拒绝办理入住手续。如果大家一起出差办理入住手续时，你因为失信被拒绝入住，同行的人会怎么看你，颜面扫尽，不会有人再愿意与你交往。所以说国家这种惩罚机制还是非常有效的。

乐化集团走到今天，我们大家都付出了所有精力，付出了心血。我也一直在董事长岗位上带领大家拼搏创业。总结我们的创业过程，30年来，不论在什么时间什么环节，我可以问心无愧地说，我们继承了中华民族祖先传承下来的优良的道德品质，坚持了诚信的原则。

我们企业能够健康地生存和发展，正因为我们坚持诚信做人、诚信经营，才使我们30年不倒。我们发展过程中许多人不理解，包括我们公司一些高层管理者，因为我们企业与社会上其他部门、其他企业的做法不一样，我们不搞虚假那一套，始终坚持诚信做人、诚信经营，有时甚至还要因此而吃点亏。因为不理解，个别人在工作上带有消极思想，对诚信经营持不同态度，认为老实人吃亏，有的人甚至违背公司制度。在公司内部已经有案例，造成违法犯罪的原因，就是歪曲了做人做事的原则，侵害了公司利益。

乐化创建30年来，我们始终坚持诚信守法的优良传统，依靠过硬的道德品质发展了我们的企业，今天国家要求依法治国，我们更应该积极主动响应，与党中央保持高度一致，以党的领导为核心，坚决服从党和政府的要求，依法依规经营好我们的企业。在每个岗位上一定要依法管理依法经营，依法保护好我们的企业。

政府要依法行政，企业要依法经营

党的十八届四中全会通过的《中共中央关于全面推进依法治国若干重大问题的决定》(以下简称《决定》)指出，必须清醒地看到，同党和国家事业发展要求相比，同人民群众期待相比，同推进国家治理体系和治理能力现代化目标相比，法治建设还存在许多不适应、不符合的问题，主要表现为：有的法律法规未能全面反映客观规律和人民意愿，针对性、可操作性不强，立法工作中部门化倾向、争权诿责现象较为突出；有法不依、执法不严、违法不究现象比较严重，执法体制权责脱节、多头执法、选择性执法现象仍然存在，执法司法不规范、不严格、不透明、不文明现象较为突出，群众对执法司法不公和腐败问题反映强烈；部分

社会成员尊法信法守法用法、依法维权意识不强，一些国家工作人员特别是领导干部依法办事观念不强、能力不足，知法犯法、以言代法、以权压法、徇私枉法现象依然存在。这些问题，违背社会主义法治原则，损害人民群众利益，妨碍党和国家事业发展，必须下大气力加以解决。

《决定》还提出，各级政府必须坚持在党的领导下、在法治轨道上开展工作，加快建设职能科学、权责法定、执法严明、公开公正、廉洁高效、守法诚信的法治政府。

这样的分析是直面问题的，是实事求是的，也是非常清醒的，不依法依规办事，哪个层面都存在，但危害最大、最令人担忧的，还是少数领导、政府工作人员。

2017年，在潍坊市第十二次党代会上，市委部署在全市开展"作风建设年"活动，刘曙光书记提出"主动作为、主动担当、依法作为"。我感觉到，严格依法行政、建设法治政府，是转变作风的关键。在转变作风中，各级政府部门应当坚持"法定职责必须为，法无授权不可为"，真正自觉运用法治思维和法治方式推动工作。特别是针对当前实体企业发展面临的机遇和挑战，相关部门要能真正坐下来，与企业家面对面交流，听听他们在想什么、干什么、怎么干，企业今后的发展方向是什么，企业真正面临的困难有哪些。只有这样，才能真正为企业创造一个公平竞争的发展环境，才能真正让企业享受到各种优惠政策和便捷服务，发挥实体企业在招商引资、振兴实体经济中的主力军作用。

就如何加快建设法治政府，党的十八届四中全会《决定》指出，法律的生命力在于实施，法律的权威也在于实施。"天下之事，不难于立法，而难于法之必行。"如果有了法律而不实施、束之高阁，或者实施不力、做表面文章，那制定再多法律也无济于事。全面推进依法治国的重点应该是保证法律严格实施，做到"法立，有犯而必施；令出，唯行而不返"。政府是执法主体，对执法领域存在的有法不依、执法不严、违法不究甚至以权压法、权钱交易、徇私枉法等突出问题，老百姓深恶痛绝，必须下大气力解决。

习近平同志还就提高司法公信力指出：司法是维护社会公平正义的最后一道防线。他曾经引用过英国哲学家培根的一段话："一次不公正的审判，其恶果甚至超过十次犯罪。因为犯罪虽是无视法律——好比污染了水流，而不公正的审判则毁坏法律——好比污染了水源。"这其中的道理是深刻的。如果司法这道防线缺乏公信力，社会公正就会受到普遍质疑，社会和谐稳定就难以保障。因此，党的十八届四中全会《决定》指出，公正是法治的生命线；司法公正对社会公正具有重要引领作用，司法不公对社会公正具有致命破坏作用。当前，司法领域存在的主要问题是，司法不公、司法公信力不高问题十分突出，一些司法人员作风不正、办案不廉，办金钱案、关系案、人情案，"吃了原告吃被告"，等等。司法不公的深层次原因在于司法体制不完善、司法职权配置和权力运行机制不科学、人权司法保障制度不健全。

领导干部是公民的榜样，更不能违法违规。领导干部最重要的，是依法行使政府的权力。

对我们来说，重要的是通过劳动所得，我们搞企业的，一定要从依法经营中有所得，老百姓，一定要从依法劳动中有所得。

凡是没有依法劳动所得，其实都属于违法所得，就是犯罪。违法经营的企业家，也是违法所得；领导干部如果违法违规使用权力，就走偏了路。领导正确，依法行政，人民就拥护、维护领导的权力；领导不正确，不依法依规，人民就会行使自己的监督

权力。作为一名多年的人大代表，我充分体会到这一点。

法律的权威源自人民的内心拥护和真诚信仰。人民权益要靠法律保障，法律权威要靠人民维护。必须弘扬社会主义法治精神，建设社会主义法治文化，增强全社会厉行法治的积极性和主动性，形成守法光荣、违法可耻的社会氛围，使全体人民都成为社会主义法治的忠实崇尚者、自觉遵守者、坚定捍卫者。

在依法治国问题上，党和人民的利益是一致的，作为人民，都可以依法行使好自己的权力，保护好自己的合法利益。党也会为人民撑腰。

依法治国，首先是依宪治国；依法执政，关键是依宪执政。新形势下，我们党要履行好执政兴国的重大职责，必须依据党章从严治党、依据宪法治国理政。党领导人民制定宪法和法律，党领导人民执行宪法和法律，党自身必须在宪法和法律范围内活动，真正做到党领导立法、保证执法、带头守法。

在我们这样的国家，只有在党的领导下依法治国、厉行法治，人民当家做主才能充分实现，国家和社会生活法治化才能有序推进。依法执政，既要求党依据宪法法律治国理政，也要求党依据党内法规管党治党。必须坚持党领导立法、保证执法、支持司法、带头守法，把依法治国基本方略同依法执政基本方式统一起来。

法律是治国之重器，良法是善治之前提。宪法是党和人民意志的集中体现，是通过科学民主程序形成的根本法。坚持依法治国首先要坚持依宪治国，坚持依法执政首先要坚持依宪执政。依法执政是依法治国的关键。

令人振奋的是，中央要求，各级领导干部要对法律怀有敬畏之心，牢记法律红线不可逾越、法律底线不可触碰，带头遵守法律，带头依法办事，提高党员干部法治思维和依法办事能力。党员干部是全面推进依法治国的重要组织者、推动者、实践者，要自觉提高运用法治思维和法治方式深化改革、推动发展、化解矛盾、维护稳定能力，把能不能遵守法律、依法办事作为考察干部重要内容。

我想起了一则故事。据《明史杂俎》记载，在一次朝会上，明太祖朱元璋向群臣提出一个问题："天下何人最快活？"大臣们的回答其说不一。有的回答"功成名就者最快活"，有的回答"金榜题名者最快活"，有的回答"富甲天下者最快活"，等等，真是五花八门、应有尽有。朱元璋坐在那里默默地听着，没有表态。"畏法度者最快活。"大臣万钢的回答得到朱元璋的赞许。

"畏法度者最快活"，说说容易，做起来就不那么轻松了。因为，从对法度的"无畏"到"畏惧"的过程，需要人们的自警和自律，没有严苛的自我修养是不可能实现的。

坚持依法治国、依法执政、依法行政共同推进，坚持法治国家、法治政府、法治社会一体建设，实现科学立法、严格执法、公正司法、全民守法，促进国家治理体系和治理能力现代化。这样，我们的国家才有希望，我们企业家才没有后顾之忧。无论是从建设法治中国的需要，还是从保障企业正常生产经营、把企业做强做大做久考虑，我都非常赞成和支持学法、知法、守法、用法，学会约束自己、规范自己、把握自己，努力成为恪守法律的模范。要努力学法知法，结合企业生产经营实际，多学习一些法律知识，从内心树立对法律的敬畏、信仰，增强法治意识，把守法作为企业家的基本素养。要自觉用法守法，无论是在处理企业内部管理、运作，还是在处理企业与市场、企业与政府的关系上，都要严格依法进行，自觉"不踩雷区、不触红线"。特别

是在政商关系的处理上，要依法依规，有节有度，光明磊落，走"前门"、干正事，不走歪门邪道。

倡导公平，应该成为政府依法行政的核心。

比如，同样搞油漆厂，在拿地的价格、纳税额度，不同的地域就有不同的标准，这种不平等的存在，政府部门一些人就有了寻租的空间和可能。

法律已经从无形变成有形，从质的规定到量化标准，高压线人们不敢去碰，因为知道一碰就不得了，就会有后果，但国家的法律理应比高压线还让人敬畏，为什么有人还是不惜铤而走险去违法，就是因为，法律有时并不是对所有人奉行一个标准。一旦法律面前人人平等，而不是不同的标准，那么守法就会渐渐成为人们的自觉行为。

不向领导要特权

搞企业的人，大多需要和政府部门、政府工作人员建立一定的关系，但如何建立，靠什么维持，基准线在哪里，却每时每刻都在考验着企业经营者。

如何构筑新型政府和企业的关系，构筑新型的政商关系，是一个课题。

习近平同志指出，我们全面深化改革，就要激发市场蕴藏的活力。市场活力来自人，特别是来自企业家，来自企业家精神。激发市场活力，就是要把该放的权放到位，该营造的环境营造好，该制定的规则制定好，让企业家有用武之地。我们强调要更好发挥政府作用，更多从管理者转向服务者，为企业服务，为推动经济社会发展服务。他还谆谆告诫各级领导干部要提升自我境界，坚定理想信念，保持高尚情操。他说，现在的社会，诱惑太多，围绕权力的陷阱太多。面对纷繁的物质利益，要做到君子之交淡如水，"官""商"交往要有道，相敬如宾，而不要勾肩搭背、不分彼此，要划出公私分明的界限。公务人员和领导干部，要守住底线。要像出家人天天念阿弥陀佛一样，天天念我们是人民的勤务员，你手中的权力来自人民，伸手必被捉。"心中要有敬畏，知道什么是高压线，想都不要想，一触即跳，才能守得住底线。"

习近平同志后来进一步强调，新型政商关系，概括起来说就是"亲""清"两个字。对领导干部而言，所谓"亲"，就是要坦荡真诚同民营企业接触交往，特别是在民营企业遇到困难和问题情况下更要积极作为、靠前服务，对非公有制经济人士多关注、多谈心、多引导，帮助解决实际困难。所谓"清"，就是同民营企业家的关系要清白、纯洁，不能有贪心私心，不能以权谋私，不能搞权钱交易。对民营企业家而言，所谓"亲"，就是积极主动同各级党委和政府及部门多沟通多交流，讲真话，说实情，建诤言，满腔热情支持地方发展。所谓"清"，就是要洁身自好、走正道，做到遵纪守法办企业、光明正大搞经营。

干了这么多年企业，在工作中我也经常和领导打交道，令我欣慰的是，我基本上没有受到领导的批评。

我认为，干事靠自己，一定要讲诚信，实事求是。

对领导交办的事，一定要记在心里，尽自己所能将它做好，赢得领导的支持，如果没有干好，也要如实说明。

乐化创办一年后的1988年，我曾经想不干了，领导说：你自己不要说不干，领导叫你不干了你再说不干。

1990年乐化厂房遭遇火灾，我又提出不干了，领导说：你不

干，对得起谁啊？之后面对流言蜚语我又打退堂鼓时，王明亭书记又鼓励我："哪有共产党员被打倒的道理呢？"

1993年，我去看我一位堂叔，他曾任昌乐县人社局局长，他提醒我：什么时候也不能忘了领导对你的帮助。

乐化发展初期，征地时政府部门和我商量，要求我能不能一亩地安排一个农民，我说我能力上做不到，就如实向领导解释。

1998年乐化进行低成本扩张时，领导也建议我接管经营、改制学校和医院，我都没有接手，因为我知道，学校和医院，牵涉到教育和医疗这两大公益事业，是老百姓最关注的民生事业，我一旦接手了，为了维持经营，就不得不向老百姓收钱，而这样做，我良心上过不去，因为我认为教育和医疗是惠及老百姓的公益事业，不能只是"向钱看"。这就是矛盾，面对这样的矛盾，我就如实向领导表达了，领导也体谅我的想法，没有勉强我。

我现在也开发了房产项目，凭良心做，货真价实，不牟取暴利。

我秉持一条原则：领导让我干，我就干好，但不会去要求领导给我特权。

因为我知道，特权和其他权力一样，是一把"双刃剑"，搞企业不能靠向领导谋一些特权，那样也不会长久，企业要发展下去，要禁得起市场法则的考验。

习近平同志指出，在我们的一些干部中，特权思想、特权现象还是比较严重的。这些特权现象严重损害了社会公平正义，引起了群众极大不满。我们绝不能见怪不怪啊！否则，群众是要戳脊梁骨的！

现在有不少生意人、企业家误认为，寻找一些特权，花精力培养人脉和交情，是为了在关键时刻帮助自己解除一些"地雷"；

但这种所谓的交情其实更偏向于打通、买通政府资源发寻求所谓的"庇护",风险更大,是认知上的偏差。

无论是做生意,还是办企业,其实应该在合法合规的范畴框架内,按适用的标准核算成本和营收。那么,与其绞尽脑汁建立交情向上打通关系,不如靠交情让行政部门领导或专业人士指点迷津、提出建议,给看不清形势的你指一条明路,如此"领路"比花钱耗时间买通关系、寻求特权,来得更有效。时代在变、时局在转,企业对交情的理解需要与时俱进,既不看淡也不滥用,方能在更多元的舞台上从容开展业务,找到自身的位置。

随着中国特色社会主义市场经济体制改革的深化,社会呼唤优秀的企业家,企业家的社会地位也在不断提升。改革开放以来,我们国家顺利地实现了从计划经济向市场经济、从单一所有制结构向多种所有制结构共同发展的转变;培育了一批富有冒险精神、不断开拓创新的企业家,企业家阶层的发展环境也越来越好。我国企业家主流思想积极健康,拥护党的领导,拥护改革开放,坚持走中国特色社会主义道路,是党执政的群众基础和社会基础。他们中的绝大多数能够做到守法诚信经营、履行社会责任,在推动经济社会发展、提供就业岗位、增加国家税收、开展自主创新、维护社会稳定等方面发挥了不可替代的作用。

但是不可否认的是,一方面,当前,市场在资源配置中尚未发挥决定性作用,非公有制企业在市场准入、产业扶持、税收优惠、金融支持等方面面临不平等、不公平的情况,企业不得不通过金钱铺路,获取要素支持;一些政府部门掌握着大量的行政审批权、管理权、处罚权,少数执法人员滥用权力,为企业设置障碍,导致一些企业被动卷入贪腐案件;我国法治体系还不健全,在立法、执法和司法等领域缺少对民营企业的平等保护,特别是

在少数地方，由于司法不公正，迫使企业在维护自身合法权益方面处于弱势，不得不"剑走偏锋"，走上违法犯罪道路。

另一方面，企业家自身素质参差不齐，他们中也存在一些不容忽视的问题。党的十八大以来，党中央保持惩治腐败高压态势，反腐力度持续加大，随着一些政府官员被查处，少数非公有制经济人士深陷其中，腐败官员落马常常带出一些非公有制经济人士，而非公有制经济人士受查处也往往牵出一些腐败官员。非公有制经济人士拥有大量社会资本和要素资源，一旦与权力相勾结，在官员腐败犯罪活动中推波助澜，容易造成恶劣的社会影响，损害国家经济利益，扰乱经济秩序，败坏政商关系，不仅严重影响非公有制经济发展环境和非公有制经济人士形象，而且影响党风政风，侵蚀党的执政基础。

我有一次在电视上看到凤凰卫视记者采访福耀玻璃董事长曹德旺时问：您还说过一句话，您不太会跟官员、学者打交道、搞社交，这些年您也没有为了做生意吃喝或者送礼等等，这样做在中国当下的现实社会当中可行吗？曹德旺是这样回答的：记住你不贪就可以。我认为这次反腐败，我说要反那些不良商人，这些腐败都是他们勾结在一起做的。你要学会不贪，这也是信佛人的一种思想。

我赞成曹德旺的观点。

作为一个企业家，要掂量自己的能力，不能贪婪。

现在许多中国人都有一个毛病：贪，贪嗔痴的贪。

六祖慧能走出山林，来到广州法性寺，正遇上印宗法师在讲解《涅槃经》。当时有风吹动了旗幡，一个僧人说是风在动，另一个僧人说是旗幡在动，争论不休。慧能就参与讨论说："既不是风在动，也不是旗幡在动，是诸位仁者的心在动。"慧能说得多好啊，万物不动，是你自己在动。

比如，看微信，许多人天天看、不停地看，每时每刻都在刷个不停，生怕漏掉一条。其实就是贪多。

无论是投资，还是搞企业经营，从某种角度说就是向死而生，你要认识到，你没有能力把好处全部占到，只能赚你自己能赚的钱，什么都想要，结果就是什么都得不到。想得到一些好处，必然要放弃一些利益，或者说付出一定成本，这是自然的法则。如果认识不到这一点，什么都想要，往往会期望落空，频频被市场打脸。结果自己不断否定自己，产生挫败感，最后心态失衡，投资行为也变得混乱不堪。

有人引用股神巴菲特所说的"在别人贪婪时恐惧，在别人恐惧时贪婪"这一风靡中国的投资格言，来为自己的贪婪辩护，恐怕也是误解。贪婪与恐惧是人性的弱点，两者在充满风险的股市体现得尤其明显。但问题恐怕没有这么简单，如果投资股票就是在别人恐惧的时候买、在别人贪婪的时候卖，那么，股票投资者只需要研究心理学就行了，还有什么必要研究金融学和经济学？

恐惧或贪婪，源于每个人内心的理性选择，而不是依赖于与别人心理的反向运动。唯其如此，人才能真正成其为人，也才能成为真正合格的理性投资者。

可见，知道自己想要什么，能放弃什么，对自己有个合理的定位，并心安理得地接受次优结果，对市场有正确预期，才能在投资中做到心态平和，宽容面对市场的不确定性，只吃自己能吃的菜，赚自己能赚的钱，通过不断积累，最终的结果常常会很好。

能够做到不贪婪，确实是很了不起的事情。

管理人员要做到"三学"

我经常利用开会等各种机会，与上级领导交流和汇报我的思想，也想从他们那里了解、学习党的路线、方针和政策，了解对经济、社会等问题的分析和见解。

在和他们交谈的过程中，我一直在思考：今后企业发展靠什么？现在我们应该先做什么？

我认为，乐化集团要实现可持续发展，各公司管理班子要"三学"：一学国家有关法律，把握党的路线、方针、政策。二学公司制度。三学业务知识、生产工艺技术。

我曾经在一次会议上对员工说，今天我们不能仅仅满足于现在有一口饭吃，而是要想长远，为塑造百年品牌、百年基业打下根基深厚、永远不倒的平台，给这个平台上的子孙后代创造好的基础。当然，这个平台和基础必须符合国家、世界形势变化，要与时俱进有所创新，不能仅仅停留在主业上自满自得，为此就必须腾出时间学习。

为什么要"三学"？

有一件事情触动了我。

2017年1月，我们漆业公司上报的企业"四评级一评价"，环评、安评、节能、水评，原来县执法部门口头传达，公司没有引起足够的重视，等集团企管部一位同志开会回来将材料发到微信群里，我抽空看了一下，评级和评价工作有很标准的一套考核规定。按照以前正常程序，企业环保安评需要付出很大的精力和代价，按照法律程序申报完成后，执法部门监督企业运行就行了，可是现在改为让评价公司再来做评价，评价公司对执法部门建议说企业哪项不合格，执法部门就认为哪项不合格，一旦确定下来，就不给企业验许可证。这一评价程序和方法，确实给企业增加了负担，但这又是新的规定、新的标准。

这次"四评级一评价"有一项不合格就全部不合格，通过"四评级一评价"保一批，压一批，关一批。不管原来为国家做出过多大贡献，不管企业过去有什么资格，达不到现在的标准一律关闭。我们原来认为只要踏踏实实地做人做事，不违法违规就行了，现在看来仅仅不违法违规还远远不够，政府部门会出台新的法规，一些新规定明确要求你什么能干、什么不能干，以什么标准怎么干，如果你不及时了解，就会很麻烦，甚至会被出局。

这件事给了我很大的刺激和震动，所以我才提出"三学"。

第一个学习：我要求各公司科级以下人员必须学会国家有关法律法规，特别是学习环保法、安全法、节水、节能评价，科级以上干部必须学会国家税法、劳动法等有关法律法规，了解国家、市场信息、相关政策。从董事长开始，到经理、副经理，特别要学习劳动法、税法，因为这是公司日常必须用到的。要了解国家信息、市场信息，否则很难驾驭企业的团队。

我在董事长岗位上也是一直边干边学，我要求企业的管理层和员工，腾出时间，加强学习。回家看看新闻，比如《今日说法》等栏目，了解国家出台的新政策，从网上搜索新的法律法规，特别是新建的微信群，财务人员都在群里共享财务制度，企管部要发送有关法律知识，供大家交流、学习。

二三十年前，我已经明白"既要低头拉车，更要抬头看路"，方向对了，脚下才有力量。我能够通过学习和经验感悟，看清和把握未来10年、20年的发展方向和市场规律，把握好了，就能走在前头，就是一个成功者。但现在时代不同了，要学法、懂法，不懂法就很容易违法，违法了企业就有被关停的风险。

我曾经和一位同事谈到，未来的公司如果发生倒闭的危险，往往不是因为生产经营，而是因为违法，有时甚至不知道是怎么违法的。

现在考验我们的、最难以应对的，是法律要求，政府执法部门的要求，为什么说最难？因为我们有些公司是建厂较早的老企业，虽然符合当时政府部门和法律法规的要求，达到合法生产的要素和条件，但法律是在不断完善之中，因而政府执法部门的要求也是在不断变化当中的，这样，老公司就会出现不符合新的法律法规要求的问题，这样的情况下，执法部门有时就会提出，要么拆掉，要么换证的时候不换、停产，企业经营得再好也没有用，先把证取消，再生产就违法，违法生产不但不能赚钱，而且还要罚款，甚至相关人员都要被带走。

2016年底，我根据"四评级一评价"的要求，连夜学习了相关法律法规。从"四评级一评价"的要求来看，现在安全、环保等国家执法部门都有准确依据，不是随便乱讲、乱说、乱要求，不是信口开河，人家有依据、有标准、有规范。所以我要求大家学会有关法律法规，学会依法接受有关部门的要求、检查，依法整改。通过实践来看，只有每个人学法懂法，才能依法保护企业，依法经营生产，才能保证不违法。国家安监、消防等部门都会在网上发布新规，我们都会及时将这些新规共享到公司内网上供管理层和员工学习，财务部、企管部经常把国家法律、法规发送到集团经理管理班子群，各公司也将看到的国家政策、法律法规及时发送到本公司微信群里，对微信群里的法律法规，我都要打开详细看一下，记在脑子里，在工作的时候随时拿来对照。我要求大家一定把学习各种法律法规当作一种经常性的工作，在不影响日常工作、生产的前提下，利用空闲时间多看新闻、查网

第十一章 过去靠闯劲，现在靠法治

站，多学法律，要做到学法、懂法，依法生产经营，依法保护企业。

我还要求各公司经理、财务部、企管部等部门负责人，对涉及的税法和企业的有关法律，必须学会、学懂、学通，要对本公司以内各岗位辅导宣传，最后做到全公司各岗位都要懂法。我和高层管理约法三章：如果公司被法律、税务追究处罚，企管部、财务部、经理、董事长首先承担责任。我要求各公司经理班子要做到依法接收有关部门检查，依法按照有关部门的指导改进，依法保护企业合法权益。只有大家学法、懂法、守法，才敢做到这三个"依法"。

依法接收有关部门检查，就是执法部门来检查某个问题的时候，我们事先就能够对法律心中有数，能够把法律依据讲出来。检查的时候不要抵触，热情地做好解释，比如，车间的安全距离，法律要求是20米就合格，执法部门说需要22米才合格，你可以说这个地方已经盖好了，20米是不是也可以，当执法部门下发裁定的时候，你要能够对照有关法律依法申诉。这就是依法接受有关部门检查。

依法按照有关部门的指导改进，检查部门提出需要改进，你要知道按照规定应该如何改进，那就得按照有关部门的指导改进。但是如果你根据法律法规认为是有关部门的指导本身就缺少执法依据、甚至就是错了，那你也要心中有数，不用急着去改进，而是解释清楚，沟通交流好。

依法保护企业合法权益，怎么叫依法保护，执法部门处罚我们，我们按照国家法律程序能够解释明白，最终让执法部门放弃处罚，这是依法保护。

这三个"依法"，都是大事，都有赖于我们自己要学法、懂

法、守法。我要求各公司经理班子今后必须做到不违背国家法律，不误导公司干违法的事，否则公司就会按照规章制度和要求处理责任人员。

第二个学习：要按照制度、塔型管理、岗位三定，明确岗位责权利，各公司负责人及干部员工在岗就有权，有权就要负责，负起责来就有利，不负责就追责、处罚。几十年下来了，我开会每次都讲制度，有些人一开始还有些不以为然，认为是老生常谈，没有新意，但最后吃亏往往就吃在不讲制度方面。

我要求各公司干部员工每人学会制度，懂制度，按照制度行使、发挥个人岗位权力，勇于担当责任，为公司树立形象，创造效益最大化。我们要以制度考核、提拔、奖励为公司树立形象、创造效益的人，以制度保护自己应得的合法利益，批评、处罚、处理以权谋私和不担责的岗位领导。对完不成公司任务的单位、岗位，用公司规章制度进行考核处理，该多得的多得，该少得的少得，该处理的处理。

多年来我和同事们在一起工作、一起走到今天，很不容易，我也是重感情的人，遇事讲感情，讲兄弟情，讲工作情。原来公司制度也不是很全面，真正用制度把公司管起来的条件也不是很具备，但通过这些年的努力，我们渐渐做到了，既讲感情，更讲制度。

2016年12月集团公司根据各公司报表汇总之后，我感觉各公司的汇报基本达到要求，各公司有头绪、有计划、有步骤，工作安排得很好，所以年度会议都不需要开。财务制度也基本按照我的要求统计资料，用数据管理，管理制度和财务制度都很完善。

为什么说用制度考核，用制度考核的目的是什么，就是于事有据。我们越来越明白，用证据处罚一个人，用证据追究一个人，才能让人心服口服，如果没有制度，仅仅靠口头说说，大家就会不服。所以我们塔型管理的"三定"明确岗位责权利，就是建立制度。现在公司的《管理规则》《财务制度》和《劳资制度》都有规定，违背了制度的事实就是证据，证据有了，该处罚处罚，该免职免职，该追究追究。

2017年春节之后，我们把新的制度、会议纪要、出台的有关规定，让企管部、财务部都完善到小册子里，开会审了之后汇编到三个册子里，在第一季度末完成下发，所有集团公司的要求基本上就能在这三本册子里一目了然，不用到会议纪要里找了。

集团党支部要求各公司各部室于2017年5月1日前分别组织副科长及以上管理人员，认真重新学习新修正的三套制度，学习后每个人谈学习心得并形成会议纪要，参会人员一一签名，纪要扫描发集团企管部，原件在本公司企管部存档。从2017年5月1日起，集团企管部、财务部对集团内所有公司按三套制度进行考核检查，各公司日常工作中按三套制度落实管理执行。三套制度中有规定要求的，各公司按制度要求落实执行，不能再上报集团，如果三套制度中有规定的，公司仍上报集团的，就要按规定处罚上报人。

根据集团企管部、财务部每个月报表上来和社会反馈的信息，反映出来的问题，如果是小事就不必追究了，但如果是大事，一定要有处理进展。有几位员工，仅仅因为别人举报，本人才吞吞吐吐地说出来，还有一些特别重要的事，有关部门通过与本人核实之后，本人才承认错误，赔礼道歉。但一件事情发生了，不是仅仅承认错误就算了，不是说说就过去了，还要总结究竟错在哪里、为什么会发生错误，都要向本单位写出检查，走程

序，公司范围能不能处理，是罚款、免职、还是依法追究处理，都要依据法规制度，慎重研究决定。

学习制度，目的在于用制度考核取得证据，对下行使权力，用制度管理，而不是靠人管理。我经常说服大家，一定要想清楚想明白，制度管理是大家定的，不是针对某个人，用制度管理就不会出现不服、不和谐的问题。明确制度，按照制度该得的得，该奖的奖，该罚的罚，大家都清楚，也会口服心服。比如漆业公司，这些年来，这么大的产量，这么多人工作，员工出现问题被处罚，基本能够心平气和地接受处罚，因为他们都知道有公司规定，自己错了什么事，该罚多少钱，都知道标准，该赔偿赔偿，该写检查写检查。不像以前制度不健全的时候，偶然碰坏一桶油漆，被处罚的时候还振振有词，说别人怎么不罚，为什么只罚我？制度健全以后，这些年在漆业公司再也没有出现过类似的事情。

第三个学习：学习业务知识，生产工艺技术。集团公司下属五个公司，这五个公司，有些新的公司确实有新的业务，需要和集团交流。交流时集团公司有要求，凡是向上级汇报，汇报问题要写上建议一、建议二，像漆业公司就能够做到这一点，及时为领导决策提供依据。

如果领导不懂业务，就是外行管理内行，如果你不懂业务，就容易做出错误决定，导致基层生产出现问题，造成损失，甚至有可能造成事故，所以我要求我的管理团队加强学习，分管的范围和在岗位上的业务知识必须学，必须了如指掌，才能驾驭管理岗位，驾驭企业。

我要求所有管理者和职工，都要进行业务学习，当然学习的侧重点可以有所不同。

第十一章 过去靠闯劲，现在靠法治

从董事长开始，到经理，要学会国家法律法规、本公司制度及本公司生产工艺技术、市场动态，要有驾驭好、管理好和经营好本公司的能力。

公司副经理要学习安全、环保、节能、节水评价、税法、公司制度和各分管的业务知识，对以下岗位行使好管理、服务，完成经理分配的任务。科级干部要学习安评、环评、节能、节水评价、公司的制度和本科室的业务知识、生产工艺技术，管理、服务、带领员工完成副经理下达的本岗位及以下岗位的任务。班组、工人要学习安评、环评、节能、节水评价、公司的制度和本岗位的业务知识、生产工艺技术，完成科长交代的本岗位的生产工艺技术及任务。

通过看"四评级一评价"材料，通过青岛公司的问题管理完善，通过接触漆业公司刚刚开始的水评价，对化工企业的评级评价都有标准材料。我要求经理首先要看这个材料，然后签发让科级以上干部学习，科级以上干部学会后，带着员工学。

我以当年学习生产工艺的事例提醒同事学习的重要性。当年搞ISO9000认证的时候，我们忙着整顿市场，没有及时参与，后来几次验收都未通过，我了解了一下是怎么回事，记得有个主要问题，就是工作中对现有的设备使用，不知道起什么作用，油漆磨出来后通过降温设施降温，这个设施要有，若没有怎么保证质量、保证安全？设计有，但现场设备没有看到。我们分析之后，再报材料时就明确现有的设备起什么作用，没有的设施是因为工艺不需要，材料和实际一致起来，上面就认可了。再一个产品管理时，如果出现产品工艺问题，工人知不知道应该怎么处理？现在大家都知道了，如果出现产品工艺问题，就不准进入下一道工序，发现问题立即停下来，让本岗位管理人员和上一级领导来处

理。所以通过ISO9000认证，从漆业公司看，已经完善下去了，现在日常管理用得很好。

现在"四评级一评价"对管理者和工人考核打分，哪个岗位明确地说打多少分，设备打多少分，应像工艺知识一样，管理人员要让工人知道。青岛公司在应对类似检查评审时，企管部补齐手续，接受验收。漆业公司、青岛公司最全的、最禁得起检查的就是工艺配方、原始记录，规定下了配方后，签字后马上保存起来，这些年就坚持这样做，国家产品认证就查这个资料。

过去劳动创造价值，现在国家的观念又进了一步，既承认劳动创造价值，更强调环境创造价值。以前做出产品来，就创造价值，现在不是简单地做出产品就行了，现在，如果你做产品的过程中产生污染，就不允许出产品。过去家里、办公室里能生炉子，现在生炉子冒烟污染就会被处罚，国家提倡城市里不使用煤，换成燃气了，以减少污染。这就是国家的要求变了。

所以我要求全公司根据生产情况，合理安排领导班子学习时间和员工学习时间，将学习列入管理中考核。

第十二章　忍让的人品德高尚

母亲教给我的做人原则

我做人的第一位老师是母亲。母亲经常教导我，不能多说话，不能和人争，要忍让，要能吃苦。

孔子讲"君子食无求饱，居无求安，敏于事而慎于言，就有道而正焉，可谓好学也已。"他还说"君子欲讷于言而敏于行。"毛泽东同志给两个女儿取名李敏和李讷，可以体会出他是赞成讷于言而敏于行的，希望自己的女儿长大之后要处理好"敏"和"讷"的关系，要做敏于干实事、少说空话的人。

母亲一再告诫我：应该说话谨慎，因为祸从口出，说话不谨慎，伤害自己又伤害他人，招来麻烦甚至招致灾祸。后来有人给我讲解了一段孔子的话："乱之所生也，则言语以为阶。君不密则失臣，臣不密则失身，机事不密则害成。是以君子慎密而不出也。"就是说，之所以总有"乱"发生，其乱之源往往是由言语引发的。君说话不慎密则失信于臣，臣说话不慎密则灾殃及身，重要的事情不慎密则造成祸害。所以，君子处事说话谨守慎密，不乱出去，也就不会乱说话。我母亲虽然没有读过孔子的这段话，但她显然知道孔子所说的这一道理。

母亲让我少说话，同时也要求我做事情则应该干练勤奋，要能吃苦耐劳。

母亲提醒我不要争抢，当时提得很具体，一是不要去抢吃的，二是不要去抢功。

佛家一句话，有舍才有得。舍得舍得，这个词汇，世人经常使用，却未必知道其真切含义，也未必能真正做到。道理简单，实践太难。能舍才能认清自己，舍去眼前烦恼，才能放下执念，勘破生死，得大自在。得失存心知，舍得，舍得，有舍才有得。简单的一句话，包含了人生中处世的智慧与道理。因为，真正豁达的人，懂得超脱；真情的人，懂得奉献；幸福的人，懂得放下；智慧的人，懂得得与失。人生，在寻找得的同时，总要付出些代价，如果能正确地认识得与失，人就会在得到的同时，懂得必然的失落；也会在失落的同时，懂得如何从失落中找回自我。聪明的人懂得放弃，而总是一味地想要拥有全部的人，最后反而会让自己崩溃，一无所获。

不单是舍得，还要善于分享给别人，才有回报。

至于说到忍让，更加不容易，我母亲提醒我，即使你是对的，也要忍让，如果你是错的，就不是忍让的问题了，应该是改正、学习。

我八九岁的时候，奶奶领着她的几个孙子辈去摘杏子。当时我胆子大，其他人都不敢爬树，我爬到树上晃树，好让杏子掉下来，他们在下面捡起来，交给奶奶，由奶奶给我们分配。别人分到的都是软的、熟的、圆的，我分到的却是硬的，还没有熟。

我就问奶奶：为什么分给别人的杏子都是软的、熟的、圆的，分给我的却是硬的，还没有熟。我的意思就是奶奶这样分不公平。

不料奶奶说：他们的杏子之所以是软的、熟的，是他们自己捏软的。

第十二章 忍让的人品德高尚

我知道奶奶的解释并不是实事求是，因为我知道，杏子只能靠长熟了才会软，不可能是捏软的。显然，在分配杏子这件事情上，我没有享受到同等待遇。

但我当时就忍住了，没有纠缠着奶奶。

因为我还想到：有杏子总比没有好。当时能吃的东西本来就很少，有几个杏子吃一下，总比什么都没有饿着强。我还想，我只有自己独立之后有自己的杏子树，有对杏子的分配权，才能真正有选择。

我有一个观点：能忍让的人，应该是品德高尚的人。

做人要拥有一种忍让的心。所谓忍让，无非与他人交往时，谦和、克己、委曲求全，不与人无谓地争高论低，而是通过忍让的办法，去专注地做自己的事情。很多人之所以不能成大事，其中要害之一就是无畏地好争而不好让，斤斤计较，一点亏都不能吃。

我说的忍让，还有一个含义，就是不要得理不饶人，理由在你这边，你还能原谅别人、让着别人，才是伟大的人，才是大丈夫。

《史记·淮阴侯列传》中记载的韩信受胯下之辱的故事，人们都不陌生。淮阴屠户中有个年轻人侮辱韩信说："你虽然长得高大，喜欢佩带刀剑，其实是个胆小鬼。"又当众侮辱他说："你要不怕死，就拿剑刺我；如果怕死，就从我胯下爬过去。"于是韩信仔细地打量了他一番，低下身去，趴在地上，从他的胯下爬了过去。满街的人都笑话韩信，认为他胆小。汉帝国建立以后，韩信被封为楚王，衣锦还乡，对于当年侮辱了自己的恶少，韩信对部下说："此人也是一位勇士。当年他羞辱我的时候，我岂非不能一剑杀了他？不过，杀了他并不能扬名天下，因为忍受下来，才有了今天。"说完这番话后，韩信下令，提拔这位当年的

恶少负责都城下邳的警卫。

苏东坡在《留侯论》中说:"古之所谓豪杰之士,必有过人之节。人情有所不能忍者,匹夫见辱,拔剑而起,挺身而斗,此不足为勇也。天下有大勇者,卒然临之而不惊,无故加之而不怒。此其所挟持者甚大,而其志甚远也。"苏东坡一语中的:能忍的人,因为"其志甚远"、有远大的志向啊。

我12岁左右的时候,发生的一件事,至今我铭记在心,时刻提醒自己。那时我在继父家里,姐姐对我很好,重活脏活都不让我干。当时我们吃水,要从井里提上来,再挑回家。有一次姐姐打水时,不小心把水桶掉进井里了。

我随口就批评了她一句:为什么你不小心把水桶掉进井里了?

我姐姐回敬了一句:弟弟你说得对,因为你不去挑水,所以你不会把水桶掉进井里。

我现在都记得姐姐说的这句批评我的话,到现在都感慨、警醒。

多年之后,我偶然看到一篇小杂文《做事与不做事》:

做事的就是做事,不做事的就是不做事;做事的永远做事,不做事的永远不做事;做事的主动找事做,不做事的有事也不做;做事的有做不完的事,不做事的无事可做;做事的做了大事也认为是小事,不做事的做了小事也会吹成是了不起的大事;做事的整天埋头做事,不做事的整天满腹心事;做事的不注意不做事的,不做事的很关注做事的;做事的实实在在做事,不做事的看人行事;做事的往往不会来事,不做事的专门研究如何来事;做事的常遇到难办的苦差事,不做事的无所事事还煞有其事;做事的时常向不做事的汇报所做的事,不做事的总是批评做事的没有做好事；做事的总把不做事的指责当回事，不做事的最爱无事找事搞得做事的做不成事；做事的一身不是，不做事的啥事没是；做事的让不做事的搞得做事也不是不做事也不是，不做事的最后还是把做事的折腾得再也不能做事了为止。有了不做事的不做事，就有了做事的也不愿再做事。

这段文字，像绕口令，但写的大多是事实。

我已经养成了一个习惯：先听听人家怎么说，不要贸然评论人家。我现在要通过了解事实经过，通过学习，才能评价人家。

和别人相处时，你需要了解别人所思所想，站在对方角度考虑，才会公平地对待别人。

即使坚持认为自己是对的，有时也要忍让。

一开始分田单干时，我是队长。分地的时候，邻户占了我一米多宽的一块地。我和他说了，他马上说，哎哟，我也没有注意。我说，没有关系，那就重新丈量好，退给我就行了，过去的不要再追究了。

做人，还是要相互团结为好，求大同，存小异，不要去斤斤计较。

搞企业的过程中，也经常发生即使自己是对的也需要忍让的情况，有时合同协议都签订好了，对方突然再次提出要求，这时我知道他们提的要求不合理、也是不对的，我不但忍了，还做出让步，不和他们争一时一地之短长。

现在搞企业，有的政府部门，执法部门，对企业的管理，处罚，服务，批评，有的是对的，也有的是不合理的甚至是错的，有时即使知道他们有的地方错了，只要没有给我们企业带来大的损失、法律风险和责任，我就不和他们争，尽量自己都忍了。这

样的忍让是和为贵。我有时会想起《将相和》中蔺相如说的：宁可让廉颇，不愿亡赵国。让是德之主，知辞让，是人性之善。

忍让的结果，看上去有所损失，但长期下来，就会有回报。我忍让的性格，得到的最好回报，就是我收获了一个好的团队，他们都以自己的责任心维护我和乐化。忍让也为我们企业赢得社会真心的回馈，我们赢得了一个非常好、非常有利的发展环境，可谓平安顺利，发展空间更为广阔。

我认为，人的一生，有三个"母亲"。

一是父母，一个人的身体结构，是由父母造就的，父母之恩是报答不完的。

二是老师，文化上的指导。

三是走上社会工作后碰到的第一个领导，这个"母亲"关系你一生自己找饭吃的开始，关系你的生存，也关系你有没有能力回报父母的养育之恩。

人生有三拼

2007年底，我和企业面临非常大的困难，女儿毕业后想在潍坊买房，问我能不能帮助她。我说我只有8万多元。

当时，我把企业所有的法人代表都换了，准备破产了。

我想去外面散散心，临走时对弟弟说：厂里一是要注意安全，二是要注意质量，我出去后，不知能不能回来。

在外面，我压力特别大，每天凌晨一点就睡不着了，起来赶路。

因为我是劳模，得到了一次休假的机会，上了黄山，去了杭州，一共在外面待了16天。

2009年，峰回路转，这一年赚的钱，相当于之前十年的总和。乐化集团2009年逆市突围，成功化解国际金融危机的不利影响，全年累计完成油漆销售8万多吨，同期增长20%多，实现产值6亿多元，上缴税金6 000多万元，主要生产经营指标均创企业最好成绩。

我给儿女买了车和房子，安顿好他们，然后和他们长谈了一次。我说：

我欠自己的家庭太多了。建厂头几年，忙得几乎没回过家，孩子从出生到3岁，整天是妈妈照看，以至于看到我都不认识了，都不喊一声爸爸。

我50多岁了，在我有生之年，创业算是成功了：既无外债，又无内债，没有欠国家税收，也没有欠职工工资。

我的人生，从不懂事，到懂事，到干事，有三拼。

第一拼，从10岁到20岁，我为了母亲拼，只想让母亲过上同等人的生活，有饭吃，有衣穿。

第二拼，从20岁到30岁，为了我爱人拼，我爱人不嫌我穷，嫁给我，我不能让别人笑话她。

第三拼，从30岁之后，为了子女拼。我和爱人小时候都受苦，为了不让子女受苦，为你们子女创造幸福的条件。

我们结婚的时候，没有房子，买不起新衣服，你们结婚的时候，有房有车。

今后，我的事你们不要干预我、反对我了。我做企业是为了社会，赚还是赔，都与你们无关。接下来我为社会而奋斗，体现我的人生价值。

台湾"经营之神"王永庆曾给儿女们写了一封信，其中写道：

我本出身于贫困家庭，历经努力耕耘，能够有所成就。在一生奋斗过程中，我日益坚定地相信，人生最大的意义和价值所在，乃是借由一己力量的发挥，能够对于社会做出实质贡献，为人群创造更为美好的发展前景，同时唯有建立这样的观念和人生目标，才能在漫长一生当中持续不断自我期许勉励，永不懈怠，并且凭以缔造若干贡献与成就，而不虚此生。

基于这样的深刻体会，因此我希望所有子女也都能够充分理解生命的真义所在，并且出自内心的认同和支持，将我个人财富留给社会大众，使之继续发挥促进社会进步，增进人群福祉之功能，并使一生创办之企业能达到永续之经营，长远造福员工与社会。

与此同时，我也殷切期盼所有子女，在创业与日常生活中，不忘以服务奉献社会、造福人群为宗旨，而非只以私利作为追求目标，如此才能建立广阔和宏伟的见识及胸襟，充分发挥智能力量，而不负于生命之意义。

回顾走过的路，我觉得自己已经享受到国家改革开放和企业发展的成果。但我对生活的要求不高，我现在家里都是一些旧家具，房子都是公司的。

我是想继续赚钱，但赚钱是为了大家。

一个国家，一个民族，必须有一部分人付出。我既然被时代推上了这个平台、这个舞台，就准备为之付出。

30载创业风雨兼程，30载创业为国为民。我想，几十年后，我已经老了，但乐化集团这棵大树一定会更大更茂盛，一定会继续成长为莽莽森林，惠泽一方，为国家和社会创造更多财富。诗人臧克家的名作《有的人》里说，"有的人，俯下身子给人民当牛马。"我就想做这样的人，给人民做牛马，给父老乡亲做点事。

劳动创造价值

"搭便车"现象，广泛存在于现实生活中，在经济学、管理学、社会学中也广受学者们的讨论，"搭便车"的基本含义是不付成本而坐享他人之利。美国经济学家曼柯·奥尔逊提出，"搭便车"问题，是指在团队生产中，由于团队成员的个人贡献与所得报酬没有明确的对应关系，每个成员都有减少自己的成本支出而坐享他人劳动成果的机会主义倾向，团队成员缺乏努力工作的积极性，这样就导致团队工作无效。

"搭便车"问题的结果，常常是一些人需要获得、消费等之时，却事先宣称自己并无需要，在别人付出代价去取得后，他们就可不劳而获地享受成果。

现在社会上这么多人，看上去忙忙碌碌，其实当中一些人都在想，我能得到什么？多少人在想：我如何能不劳而获、不劳动而获得享受？

许多现代人，都想着能不能既少花钱，又能获得高标准享受，或者不花钱，能不能享受到免费的午餐。其实，好吃懒做的乞丐就是这样想的，他们也做到了。

不劳动就想获得，这种人其实只为自己想，不为别人想，其实是不道德，不劳动而想享受，就是想剥削别人。

我现在这些成果是怎么来的？是劳动创造的。房子是我投资盖的，不是购买的商品房。有限的享受，我是通过法律所得，经营时自己用尽心思，付出汗水和心血。

我想到一个许多人都知道的故事：

从前，有一位英明的国王，担心当他死后，人民是不是也能过着幸福的日子，于是他召集有识之士，命令他们找寻一个能确

保人民生活幸福的永世法则。

一个月后，三位学者把三本六寸厚的帛书呈给国王说："国王陛下，天下的知识都汇集在这三本书内，只要人民读完它，就能确保他们的生活无忧了。"国王不以为然，因为他认为人民不会花那么多时间来看书。所以他再命令这些学者继续钻研。两个月内，学者们把三本书简化成一本。国王还是不满意。一个月后，学者们把一张纸呈给国王。国王看后非常满意地说："很好，只要我的人民日后都真正奉行这宝贵的智慧，我相信他们一定能过上富裕幸福的生活。"

原来这张纸上只写了一句话：天下没有不劳而获的东西。

现在有许多人都想快速发达，最好能中头彩，或者在股市里猛捞一把。

有的人想法更直接、更简单：傍个大款。2010年从有档叫《非诚勿扰》的电视相亲节目中流行出一句话，一位女嘉宾说出了"宁可在宝马车里哭泣，也不要在自行车上欢笑"，表面上看是一种择偶心态，背后更深层的原因是这些女孩子"懒"，是一种赤裸裸的生活功利性心态，渴望不劳而获的拜金主义，宣扬的就是"天上可以掉馅饼"的思想。当然，这句话起码说明了一个现实：宝马虽好，但坐在上面的女人眼泪总是更多；单车虽然简陋，但不代表坐在上面的人就没有快乐的笑。不劳而获，结局总不会太理想。

不劳而获，不仅不容于中国人的传统，连国外也有"天下没有免费的午餐"的名言。

这句话最早由经济学大师弗里德曼提出来。它的本义是即使你不用付钱吃饭，可你还是要付出代价的。因为你吃这顿饭的时间，可以用来做其他事情，比如谈一笔100万元的生意，你把时间用于吃这顿饭，就失去了这些本来能有的价值。这是机会成本的概念。后来，"天下没有免费的午餐"含义发展为：一分耕耘，一分收获；要想收获，先要耕耘。也就是没有付出，就没有回报。所以，不要去想不劳而获，不要妄想天上掉馅饼，即使掉下来，也不一定会落到你头上，凡事都要自己去努力，去拼搏，因为只有自己去努力，才能创造出自己的一片天地。

"民生在勤，勤则不匮"。2013年4月，习近平同志在同全国劳模代表座谈时说："人民创造历史，劳动开创未来。""幸福不会从天而降，梦想不会自动成真。'空谈误国，实干兴邦'，实干首先就要脚踏实地劳动。"必须牢固树立劳动最光荣、劳动最崇高、劳动最伟大、劳动最美丽的观念，崇尚劳动，造福劳动者。2015年4月，他在庆祝"五一"国际劳动节暨表彰全国劳动模范和先进工作者大会上强调，任何时候任何人都不能看不起普通劳动者，都不能贪图不劳而获的生活；让劳动光荣、创造伟大成为铿锵的时代强音；一切劳动，无论是体力劳动还是脑力劳动，都值得尊重和鼓励；一切创造，无论是个人创造还是集体创造，也都值得尊重和鼓励。

劳动是人类社会历史的起点，在劳动这个最基本的社会实践中，孕育着社会有机体未来发展的一切萌芽，而错综复杂的、丰富多彩的整个物质生活和精神生活的过程，不过是劳动过程的展开和深化。人们只有从劳动及其历史演变出发，才能理解人类社会的发展史，才能透过人类社会生活的纷繁复杂的现象，看到人类社会发展的客观的、必然的逻辑线索，看到人类解放的现实道路。劳动的产生就是人类社会的产生，劳动的发展就是人类社会的发展，劳动的解放就是人类社会的解放。

当然，后来也有人提出，劳动创造价值，那么知识创造不创

造价值？其实，劳动创造价值，在马克思政治经济学中有一个基本观点是：只有劳动才创造价值，而且是活劳动。由于科技进步的影响，现代社会劳动的内涵和外延已大大拓展，创造价值的生产劳动已不再仅仅局限于物质生产领域，它还扩展到精神生产领域和服务业领域；同样，创造价值的生产劳动已不再仅仅局限于以体力劳动为主的劳动，它还拓展到以脑力劳动为主的劳动，如科技劳动、管理劳动。

耻辱与光彩

回顾这几十年乐化公司的管理、战略、目标方向，我们始终没有落伍，30年来战略方向、思维不仅没有落伍，而且走在了前头。

当然，对公司的发展，对我的管理方法，也有一部分人有不同的看法，不同的评价。我一直要求自己实事求是，诚信做人，善意做事，不要做伤天害理的事，哪怕暂时吃点亏，也要按法律、制度办事。我和大家志同道合，为公司未来的目标而奋斗，从不轻易去处罚谁。我这样的管理和做人的方式，收获了很多公道公正的评价，但也不乏风言风语。

谁人人后无人说，谁人人前不说人。评价一个人，被别人评价，无非是收获的是耻辱，还是光彩，什么是耻辱，什么是光彩，被谁说耻辱，被谁说光彩。

一位领导说得好，人民群众大多数人满意才是真正的光彩。

从企业创办之初，到最近这几年，我忍受了很多耻辱。有些人说我"不会做事"，小气，不大方，不休息。如果单纯为我个人，我没有必要这样拼，整个公司已经发展得非常健康，这么大的企业，也不是我个人的，在很多地方我都公开这样讲，我花每一分钱也是走财务程序，大家可以监督。我也照顾好自己的家庭，知足常乐。对同事，我们一起同甘共苦，共同收获创业的幸福和成果。对这些成绩，对企业创造出来的价值，我感觉到非常自豪。

通过努力做人，勤奋做事，以自己实际创造的价值，为国家和社会做出了贡献，我获得了人生价值，树立了自己的形象。对此，社会自有评价，而不是个别人的评价。

过去有些人说我没文化，不会干，不会享受，但如果真像他们说的那样，何以解释我能够带领企业发展到今天这个局面？我倒是要说一句，如果按照这些人说的会享受、会干、会休息，那你恐怕只能永远休息下去、一事无成了。

建厂初期，由于生产资金十分紧张，我不仅4年没拿回家一分钱，还先后从家里拿出6 000多元个人积蓄，给职工发生活费，为请来的技术人员改善生活，自己吃的却是家人送来的煎饼、咸菜。1991年企业技术改造后，市场没有打开，造成产品积压，我亲自跑销售。有一次，冒雨骑车为用户送货，因心急抢行，被迎面而来的摩托车撞出几米远，我顾不上伤痛，爬起来继续骑车十几公里将货按时送到，感动得用户跟我签订了长期供货合同。

说我不会享受，倒也是真的。特别是企业创业初期，我的脑子里，从来没有节假日概念。每天清晨出现在厂区，晚上常常忙到深夜。那些年，企业第一次技术改造，都是我亲自设计，在车间里和职工一起安装调试，不仅缩短了工期，还提高了效益。建设3万吨乳胶丙烯酸生产线，仅用了5个月就试车投产，比设计方案缩短了1年。

所谓的小气，不大方，是我在管理中严格公私之分。有些

人所说的、所习惯的"大方"，其实是占用公家的时候大方，对自己有利的，就大大方方地占有、使用，对自己不利的，碰都不碰，避之唯恐不及，一点都不能吃亏。有的人公车私用，走亲访友都用公车；有的人用公款接待时貌似"会做人、会做事、会讲排场"，其实是铺张浪费；有的人在岗位上，涉及公司利益，就不大愿意去和别人争质量、价格，满不在乎无所谓，但个人自己买东西的时候就知道精打细算。我历来主张公司管理要公私分明，不能公私不分，甚至损公肥私。

所谓的小气，不大方，无非看不惯我的节俭，我对自己要求很严格，知足常乐，绝对不搞奢侈浪费的所谓"大方"。这几年企业效益好了，但我艰苦奋斗的作风一点没有变。如今到外地出差，我仍然坚持住便宜的旅馆，吃简单的饭菜。

我的这些观念，许多同事都能够理解并接受了，有些同志为了工作方便配备的车辆，原来开会每人一辆车，现在已经改变，大家会主动拼车，这有什么不好呢？因为大家同时来，同时回去，没有特殊事情需要办理，没有必要每人一辆车。这样的"小气"，有什么不好呢？

我很少对自己大方过，但对职工并不小气。在经济大环境连续下滑的情况下，我们在2015年底决定全集团工资收入上调30%，提高职工收入，调动职工积极性。

我三十年如一日地工作，现在在社会上，公道、公平、公正的人还是很认可我，当然也会有人对我有看法，我也不会因为这些人对我有看法，就去投其所好，用小恩小惠博取他们的认可。有句话叫"岂能尽遂人意，但求无愧吾心"，我没有必要对一些看法过于在意，更没有必要为了爱惜羽毛而去曲为附和，我只要保持我实事求是的思想，诚信待人做事，就问心无愧。

我只希望能和我的同事们全力以赴，投入公司未来的发展，将自己的积累和能力奉献给企业，而不是为个人行使权力、在岗位上索取利益，我们一起创造价值，按劳取酬，分享应得的利益，为公司创造效益、树立形象。我提倡向品德高尚的人学习。

第十三章 奉献社会，反哺乡亲

企业家要为职工的将来尽责

30年前，我带领村民白手起家创办的涂料厂，如今发展成为全国最大的油漆生产企业，拥有总资产11.11亿多元，累计向国家缴纳税金近20亿元，企业为全部职工足额缴纳"五险一金"。同时，我不忘回报桑梓，无私回馈乡亲。据不完全统计，多年来，我带领企业及以个人名义先后投入1 000多万元，支持教育、修路架桥、济贫助困，为地方脱贫攻坚添薪加柴。

我观察到，下地干农活的老人，有些快80岁了，精神头很足；有些刚60岁出头，但精神差了很多。他们的差别，主要不在身体状况，而是因为高龄老人是从企业退休的，本来就有一份养老金，下地干活是图个乐子；低龄老人则当了一辈子农民，种地是为了生存，也就多了许多艰辛。

我将心比心：自己将来也会有年迈的一天，厂里的职工也有年迈之时。果真到了那一天，千万不可出现自己或少部分职工生活有保障、广大职工难以安享晚年的一幕。为了现在、将来能坦然面对自己企业的所有职工，我认准了一个理：对职工要一视同仁，要处理好企业的眼前利益和长远利益的关系，从订立劳动合同到参保缴费，一切国家法律规定的事，都要认真执行。

早在1994年，乐化建厂没有几年，我们就为全厂职工缴纳养老保险、医疗保险、工伤保险、失业保险、计划生育保险和大额疾病医疗保险6种保险,彻底消除职工的后顾之忧,使职工达到退休年龄后能够享受与城里人一样的生活。

多年来,我们坚持以现代化的管理理念运作经营,注重经济效益和社会效益同步增长。在经济效益逐年提高的基础上,公司积极发展职工保险福利事业,为老职工购买了社会保险,让老职工放心、安心。

早在20世纪90年代,我就在思考,农民和公职人员的差距究竟在哪里。答案是:农民没有保险。于是我在1995年率先向当地人社部门争取到了优惠政策,要求所有员工必须跟着企业参与社会保险。我们为600多名农民工办理了养老、工伤、失业、医疗四种保险手续,为此年增缴社会保险费150万元。

作为民营企业,我们用工多为年轻的农民工。由于受环境和自身素质影响,他们不仅缺少对劳动合同、社会保险等法规政策的了解,而且普遍认为:现在年轻,投不投保无所谓,只要拿到手的工资高就行。对企业"强制"职工参加社会保险的举措,有的职工不能接受,因为参保后个人需缴纳部分社保费,拿到手的收入必然会暂时有所降低。有人因为不愿意负担个人缴纳部分,竟然为此离开了乐化。

按一般经营者的观念,既然职工不愿意参保,我们企业正好还可以省一大笔费用,干脆顺水推舟算了。但是,作为有责任感的企业家,我们必须既想到职工的现在,也考虑他们的未来。参加社会保险对职工、对企业的长远发展,都是有好处的,无论如何,我们都坚持这么做。

我坚定地认为:"不为职工办理劳动合同和社会保险,既是对职工合法权益的侵害,对职工的未来不负责任,也是对企业的

健康发展设置障碍和隐患。"

我曾在股东大会上说:"我们要正确处理好眼前利益与长远利益的关系,若现在不为职工参保缴费,看似节省了资金,但将来职工的老有所养、病有所医等问题会给我们企业带来沉重的包袱。从另一角度考虑,为职工参保缴费,能够从根本上解决职工的后顾之忧,从而增强职工干事业的积极性,激发企业活力,也有利于理顺企业和职工的管理关系。再说,职工将我们企业当作衣食之本,我们也得为他们负起这份责任啊!"

郡县治,天下安。广大县乡群众的就业是维护社会稳定、建设和谐社会的重要环节。乐化集团先后解决了500多名农民工和下岗职工的就业问题。乐化集团严格执行国家政策和法律法规,坚持农民工与企业内部固定工同等待遇,同比例缴费。2003年,乐化集团为农民工办理了养老、医疗、工伤、失业等五种保险,解决了他们的后顾之忧。"兴我乐化"深深地扎根到所有乐化员工的心底,员工的归属感、认同感、幸福感明显提高。

我虽然出生、成长在农村,但也具有现代经营意识,一贯坚持依法纳税、依法管理企业和工人。在乐化集团,我们一直将规范职工劳动保障关系,作为实施企业人性化管理的重要内容。多年来,公司经常邀请县劳动保障局的同志前来为职工讲解劳动保障政策,帮助职工转变观念,提高社会保障意识。在县劳动保障监察大队的指导下,公司为所有职工办理招工手续、订立劳动合同制时,主动加入维护职工权利的内容。以前,列入合同的内容包括职工有权拒绝不安全、不合法的工作指令等,现在,又将必须办理社会保险手续的内容加入其中,而且在办理过程中,我们坚持高标准、严要求、上档次,从促进企业发展着眼,向正规国有企业看齐，认真执行国家的劳动保障法规政策，消除职工身份差别，坚持将农民工与企业内部的固定工同等待遇、同比例缴费。

大多数农民工身份的职工，对企业从根本上解决他们将来的老有所养、病有所医、失有所助的问题积极拥护。一些农民工谈起参保问题时，很感慨地说："俺农民也能像城里的正式工一样入社会保险，到退休的时候能够领到退休金，真有点不敢相信，企业确实为我们做了一件大好事。今后，我们要加倍努力工作，创造更多的价值，对得起企业，对得起这些好政策。"

作为人大代表，我还多次建议政府，采取更强硬手段，解决好民营企业和农民参保问题，要将所有类型企业、不同身份职工都纳入社会保障的覆盖范围。我在省人代会上提出了《关于进一步提高城镇居民和农民社会保障水平的建议》，呼吁保障农民利益，解除广大农民的后顾之忧、克服农民有钱不敢花的现象，促进计划生育基本国策的落实，解除农民"重男轻女"的陈旧思想，着眼于实现人人享有基本生活保障目标。该议案得到较好落实。山东省越来越多的劳动就业人员和农民工纳入社会保险覆盖范围，被征地农民的社会保障制度日趋健全完善，农村低保标准逐年提高，实现了应保尽保，农村社会养老保险的覆盖面越来越广。

党的十九大报告就加强社会保障体系建设提出：按照兜底线、织密网、建机制的要求，全面建成覆盖全民、城乡统筹、权责清晰、保障适度、可持续的多层次社会保障体系。全面实施全民参保计划。完善城镇职工基本养老保险和城乡居民基本养老保险制度，尽快实现养老保险全国统筹。完善统一的城乡居民基本医疗保险制度和大病保险制度。完善失业、工伤保险制度。建立全国统一的社会保险公共服务平台。统筹城乡社会救助体系，完

善最低生活保障制度。

"广度一切，犹如桥梁"

有没有奉献精神，决定了一个企业家的感召力和凝聚力，关系到企业的成败兴衰。只有把自己的生命融合到事业和社会中，才能在推动事业发展中真正实现自我价值。

有一年，平原乡政府破格奖励我13万元，我没有接收，也没有分掉，而是把它作为公益金存入银行。我对大家说："并非我不应该得这个钱，也不是我小气不愿意奖励大伙儿，而是我愿意和大家一起提倡一种奉献精神，像门前槐树一样，永远为人们奉献一片阴凉！"

也许有人会说：你是不是在唱高调？我们钱都不够花，哪里谈得到奉献精神？但我当时就是这样想的，我也要求自己一定要有这样的境界。

乐化在改制、发展的过程中，靠的是国家政策支持，靠的是自力更生、奋发图强。企业发展起来了，回报社会、奉献社会就成为我们理所当然的担当。

作为一名农民企业家，我对教育事业怀有朴素的敬意和感情，多年以来，一直关心支持教育事业，甘愿为教育事业尽自己的一份力量。少年家贫辍学，没有受过多少正规的学校教育，在创业过程中深切地感受到教育的重要，让我对教育有着难言的情怀，现在企业效益一天天好起来，自己总该为家乡父老做点事情。我经常想，我们为什么比发达国家落后？就是因为没文化！所以，现在要坚决把教育办好，再穷也不能穷教育，再苦也不能苦孩子。

1997年8月,我自愿捐款20万元,设立"昌乐县'孝业'奖学基金",基金所得利息全部用于奖学金,每年一次奖励参加高考的优秀学子,同时授予奖学金获得者"昌乐县孝业奖学金证书"。8月12日,昌乐县召开"孝业"奖学金首届颁奖大会,对在当年高考中获得优异成绩的20名学生进行了奖励,共发放奖金27 000元。

乐化还斥资200万元帮助学校改建校舍,为平原镇中学建了办公楼、教学楼,更新配齐了教学器材,该校成为全县办学条件最好的学校。2003年,我按全县最高标准为镇幼儿园配齐各种设施。2006年,我将乐化集团名下一块价值120多万元的土地提供给宝都中学使用,解决了宝都中学没有操场的难题。宝都中学专门为我颁发了"荣誉校长"证书。

多年来,乐化共出资200多万元,支持教育事业发展,捐助贫困学生,慰问部队官兵、离退休干部等,仅1996年就为全县离退休干部及农村困难户捐助大豆、大米60多吨,以此回报党的关怀和社会各界的支持,创造了良好的社会效益。

我时刻牢记着一名共产党员、一个农民企业家对社会的责任,在招工时坚持优先录用下岗职工,为政府分忧解难。我用"泽被故里、奉献社会"的实际行动体现着自己的人生价值,以一个农民企业家的淳朴感情为党和政府分忧解困。

在1998年企业低成本扩张过程中,乐化集团先后对县五金厂等六家国有困难企业进行控股或买断经营,安置下岗职工1 500多人,在新接管企业无经济效益的情况下,仍为这些职工发放福利600多万元,相应减轻了政府的负担。

我的心里始终想着群众,始终记得当年自己搞油漆做试验出事故后,父老乡亲们捐款捐物给我治伤的感人往事。大恩不言

谢，我选择的是不断回报桑梓，奉献社会。

当看到老百姓吃水困难，乐化立即出资80多万元为困难村安装自来水，打水井，建水渠，帮助村民解决用水问题，走上致富道路。2005年，乐化集团投资1 000万元，整修昌乐县平原村至红河镇近10千米的路段，深受百姓称赞。我们还投入700多万元，为多个困难村修缮了水渠、道路等基础设施。

几年来，乐化集团共为社会公益支出近3 000万元。我个人先后累计向社会捐款500多万元，尽到了一名共产党员和企业家的社会责任和义务。

我一直赞成一个观点：衡量一个人成功与否，并不是看你做了多大的官、赚了多少的钱，也不是看你超越了多少人，而是看你帮助了多少人。

习近平指出，非公有制经济要健康发展，前提是非公有制经济人士要健康成长。广大非公有制经济人士要加强自我学习、自我教育、自我提升，十分珍视和维护好自身社会形象。要深入开展以"守法诚信、坚定信心"为重点的理想信念教育实践活动，积极践行社会主义核心价值观，做爱国敬业、守法经营、创业创新、回报社会的典范，在推动实现中华民族伟大复兴中国梦的实践中谱写人生事业的华彩篇章。广大民营企业要积极投身光彩事业和公益慈善事业，致富思源，义利兼顾，自觉履行社会责任。

我热爱着家乡的山山水水，为了更好地保护家乡的大汶河，我连厂区的生活污水都主动进行净化后排放。平日员工洗澡、刷碗等生活污水，经过环保设备初步处理后，还要进行生物净化，有探头对水质进行实时监测，达标后才能排放出去。

1998年，我曾为家乡修了一座桥，但两年后被大水冲垮了。2013年，我拿出400万元重新修桥，只为报答生我养我的地方。

第十三章　奉献社会，反哺乡亲

2013年9月12日上午，我在"惠生桥"奠基仪式上诚恳地说："我有一位80多岁坚强的母亲，她告诉我，肖家庄是生你的地方，葛家滩是养你的地方。然而，让我感受更深的是党这位伟大的母亲培养造就了我，没有党就没有我沈孝业，没有党的好政策，没有父老乡亲的关心支持，就没有乐化集团的今天。所以，今天捐建'惠生桥'，就是要让自己永远不要忘记生养自己的地方。发展企业，回报国家，奉献社会是我今生最大的心愿！"

桥建成后，家乡父老取名"惠生桥"，并作铭如下：

肖家庄先民，自明洪武三年，由河北枣强迁栖昌乐。明隆庆二年，因水患再迁红河之阴建村生息，迄今已逾六百四十余年。依水而居，泽润桑梓，固为适机良谋；荷担驭车，缘木渡河，实属积年不便。先人多有叠梁之憧憬，惜无解囊之余力。唯望河兴叹，临堑唏嘘。欣逢鼎革盛世，善政泽被万民。肖氏族裔孝业，幼年失怙，慈萱翼抚，成有壮心，躬身实业。创乐化名牌，刷新世界；设奖学基金，嘉惠后人。更于癸巳年菊月，捐资数百万元，筑路建桥，以昭抱本溯源之意，肘腋赤子之心。惠生桥名，亦孝业三思而得。敦宗睦族，慎终追远，庶几可鉴。善举义行，阖族响应，群策群力，竭虑殚精。自二零一三年九月十二日破土动工，经三季之营造，于二零一四年六月上旬竣工。桥长七十二公尺，宽十公尺，承重三十吨，筑十四墩，分六孔。设计新颖，构建时兴，无愧县内扛鼎。汇通南北，襟带西东，堪称昌南一胜。村人百年坎坷之路，今日通畅；乡亲十分感戴之意，何须激扬？安居乐业即在眼前，宏图再展举首可望。为启迪后来，格物知远；谨勒石铭记，永志恒昌。

面对父老乡亲的褒奖，我虽有一丝欣慰，也很惭愧，但报答

家乡之心，始终不敢忘记。

此岸和彼岸，隔着一座桥，需要一座桥。桥是通路，是方便，是法度。"若见桥道，当愿众生，广度一切，犹如桥梁。"《华严经》上的这句话，道出了桥的象征意义。

第十四章　每个人都有自己的梦想

最艰难的时候去延安寻梦

2005年，乐化集团进行股份制改造的过程中，整体运行进入非常困难的时期。

我带着助手，去了延安、北京和河北等地方，走了17天。

为什么要出去走一下？其实当时一下子接下负债6 000万元的空壳公司，还是承担了非常大的压力，不知道下一步该怎么办，也不知道乐化未来究竟朝哪个方向发展。出去走一下，初衷是让自己安静一下、厘清一下思绪和思路。当然，选择延安、北京和河北等地方，也不是毫无目的的。

这次出发去这些地方，内心其实在寻梦。困难的时候，就想到毛泽东同志在延安的岁月，通过看革命圣地，宝塔山，纪念馆，看窑洞，现场体验当时的艰苦岁月。

我亲眼看到了延安时期毛主席简陋的工作环境。毛主席的生活很简单。在延安住的窑洞是办公室兼卧室，睡的是一张木板床，室内有一张办公桌，一把旧椅子，洗脸用的是一个普通的瓷盆，洗衣洗澡用的是一个木盆，墙上挖了许多方洞，作书架用。主席在杨家岭住的小院子里有个葡萄架，葡萄架下边是一个用旧砖支的石板桌，石桌周围有几块石头当凳子用。主席工作得太累了，就到葡萄架下稍休息一下，有时身体不舒服就在那里晒几

分钟太阳。主席用的煤油灯是用罐头盒或玻璃瓶制作的。那时纸张也十分紧张，边区的办公用纸是用马莲草自制的。主席常常是一张纸用铅笔写了再用蘸水笔写，最后再用毛笔写。为了节省纸张，主席有时就在信件的空白处写批示，信封也是用旧报纸糊的，蘸水笔的笔尖是用竹子削制的，笔杆是用牛筋树条制作的。

我后来看到过一篇文章，是延安时期毛主席的卫士顾昌华的回忆，说"主席的穿戴十分简朴，鞋袜是粗布做的，补了又补。大家心想条件虽然困难，但延安有我们自己办的银行和商店，也有被服厂，东西再缺也应该有主席的，只要写个条子就行了。当时有许多同志都提过建议，而主席都一一拒绝了。一次甘肃省送给主席一双靴子，主席把靴子送给了警卫战士。大生产运动时，我们警卫战士抽时间捻毛线给主席织了一件毛衣，他没有穿，又送给了别的同志。"

延安的解说员告诉我们，毛主席最反对摆官架子，他对群众和蔼可亲，最喜欢到群众中听他们反映疾苦，向他们了解情况。主席每到一个地方，都要和村干部、老农一起交谈，询问生产、生活等情况。平时只要有群众来，主席不管工作再忙，也要马上热情接待，从不敷衍应付。一次，他跟随去359旅，途中遇一背麦子的老太太，老人走路十分吃力。主席立即吩咐卫士帮助老人家把麦子背回家。

我们还看了位于延安城西北的杨家岭，是毛主席在延安的第二处住所。杨家岭中央大礼堂是中共七大的会场。中共七大正式确立了毛主席在党内的领导地位。毛泽东同志，成长于湖南的一个普通乡村，却在万里之外的延安，成为中国革命的最高领袖。他也将从这里开始新的出发，去改写整个国家的历史。

毛主席尽管过去受过委屈，排斥，但在关键时刻，他挺过来

第十四章　每个人都有自己的梦想

了。延安这一趟看下来，我感触太深了。我们企业发展中的挫折和磨难，比起伟人创革命之大业过程中遇到的艰难险阻，又算得了什么？延安一行，使我重塑信心，浑身充满力量。

在河北西柏坡，我参观了中共中央机关、解放军总部，当年在这里，毛主席和老一辈革命家领导了全国土地改革，指挥了三大战役，召开了中共七届二中全会，为我们留下了宝贵的西柏坡精神。在这里，毛泽东同志阐明了"将革命进行到底"的坚强决心，发出了"加强纪律性，革命无不胜"的响亮口号，提出了"我们绝不当李自成""两个务必"的历史警示。

我还体会到，干事不要盯着自己，说自己受了多少苦，达到了什么，关键是目标能不能实现，所以我坚定了继续干下去、将企业经营下去的决心和信心。

在登上天安门参观时，我深深地为新中国感到自豪，也由衷地感叹毛主席的伟大。

企业从成功到失败，从失败再走向成功，也是否定之否定的过程，只要企业能够从低谷走出来，只要职工在，只要我这个当家人在，只要我们没有倒下去，乐化就在，乐化品牌就在，乐化就会有走向成功的一天。

回来后我开了一次员工大会，统一大家的思想，给大家鼓劲。我说，我们现在非常困难，但我们要齐心协力，先维护好企业的正常生产经营，一步步重新来过，争取三年内打翻身仗，这一判断并不是盲目乐观，而是有依据的，现在看上去我们背负了6 000万元的债务，但我们有无价之宝，就是乐化品牌。这个品牌如果失去了，乐化就一文不值了，我们就没法生存、无路可走了，只要乐化这个品牌还在我们手里，我们就有信心、就有可能翻身。可口可乐前董事长伍德鲁夫有一句名言："假如我的工厂被大

火毁灭，假如遭遇到世界金融风暴，但只要有可口可乐的品牌，第二天我又将重新站起。"我们乐化也应该有这个雄心壮志！

后来乐化成功了，更加说明延安之行非常值得，说明跟着毛泽东同志学习，跟着中国共产党走过的路，以党的思想和历史来激励自己，是正确的。

我听说台北市市长柯文哲访问上海时参观了一大会址，并且发表感言："在这一刻着历史痕迹的伟大建筑面前，人类显得如此渺小。"他看完中共一大会址后，印象最深的是毛泽东写的八个大字"星星之火，可以燎原"。柯文哲说，他18次到大陆，除新疆、东北外，其他省他几乎都去过。他来到大陆，不是看大熊猫、兵马俑、万里长城，他的足迹遍布了井冈山、延安、西柏坡、遵义。他说，选择延安是因为，这里是共产党走向成功的地方，可以从头、从根源来学习共产党的经历，学习共产党成功的经验。柯文哲在战胜了连战的儿子连振伟、当选台北市市长的当天晚上，召集起了自己的政府班子讲话。讲什么话？讲毛泽东同志在中共七届二中全会上说的话，两个务必——务必谦虚谨慎戒骄戒躁，务必保持艰苦奋斗的作风。柯文哲的做法，值得我们深思。

从土、水、阳光和空气看群众观点

大自然造就万物，包括土、水、阳光和空气。

空气、阳光、水被称为生命的三要素，但是在这三要素中，空气对我们人类来说是更为重要的。人在没有阳光照射的情况下会活很长时间，没有水，也能生存5~10天，然而如果没有空气，人只能活几分钟甚至更短。

第十四章 每个人都有自己的梦想

看待大自然要有一个科学和系统的视野。习近平同志曾指出:"我们要认识到,山水林田湖是一个生命共同体,人的命脉在田,田的命脉在水,水的命脉在山,山的命脉在土,土的命脉在树。"

人类是个动物群,人类离不开土、水、阳光和空气。

人有不同的职业,有人当官,有人经商,有人为民,和大自然对应的话,官员好比太阳,人民就好比土地。毛泽东有一段话,曾被谱成歌曲:"我们共产党人好比种子,人民好比土地。我们到了一个地方,就要同那里的人民结合起来,在人民中间生根开花。"我们常说党是鱼,民是水,离开了水,鱼就死了。

从50多名成员发展到有着8 900多万成员的大党,把积贫积弱、内忧外患的古老大国带向经济总量世界第二的显赫位置,党的奋斗史,也是人民养育党、支持党、帮助党的历史。在革命战争年代,党的中心任务就是推翻旧政权、夺取革命战争的胜利。沂蒙人民以昂扬奋进的精神状态积极参军参战,支援前线,不怕艰难困苦,不怕流血牺牲,当时沂蒙根据地420万人口中有120多万人拥军支前,21万多人参军参战,10万多名烈士英勇牺牲,涌现出了用乳汁救活八路军伤员的"沂蒙红嫂",冒着生命危险掩护和抚养革命后代的"沂蒙母亲"、不顾生死抢救解放军战士的"沂蒙六姐妹"等。"最后一块布,做军装;最后一口饭,做军粮;最后一个儿子,送战场"……这就是当时伟大的沂蒙人民为支援抗日战争和解放战争所做出的巨大牺牲的真实写照!

我们党的根基在人民、血脉在人民、力量在人民。党越是心系群众,群众越是心向着党。新形势下,我们党面临着许多严峻挑战,党内存在着一些亟须解决的问题,迫切需要我们发

扬好密切联系群众的优良传统，把党与群众鱼水情深的故事继续传承下去。巩固党的执政基础，需要保持好党与群众的"鱼水关系"。

我们党的最大政治优势是密切联系群众，党执政后的最大危险是脱离群众。有些领导干部却把共产党同老百姓割裂开来甚至对立起来，把"鱼水关系"变成了"油水关系、蛙水关系"甚至"火水关系"。中国共产党依靠各族人民的信赖和支持，如鱼得水，转危为安，百折不挠，星火燎原。人民群众是我们的立党之根、生命之魂、力量之源、执政之本。党群关系不仅是血肉联系，而且从根本上说应该是"鱼水关系"。先哲所谓"水能载舟，也能覆舟""民惟邦本，本固邦宁""民为贵，社稷次之，君为轻"，讲的也都是这个道理。

孙悟空为何跳不出如来佛的手掌心

孙悟空本领再高强，也翻不出如来佛的手掌心，什么道理？

有人理解为"天外有天，人外有人"。

我认为，关键是境界不一样。

如来巴掌大的地方，孙大圣竟跳不出去，难道这猴头真的不会翻跟头了，肯定不是。这是因为，此时的孙悟空，境界还是小了，而如来佛祖的境界，无边无际如广袤的宇宙。

孙悟空有七十二般变化，本领高强到可以大闹天空，但不要说和如来比，就是和后来的师傅唐僧比，许多方面也比不了。

有人说，唐僧代表信念，理智；孙悟空代表本领，意气；猪八戒代表惰性，贪婪；沙和尚代表忍耐，担当。

著名作家刘震云曾在《唐僧为啥能当师父》一文中写道：

第十四章　每个人都有自己的梦想

唐僧是一个特别好的领导。他每走到一个地方，就说"悟空你去探探路"，他说的是未来。让八戒去找点吃的，说的是现在。让沙僧去做的事是喂马。当徒弟问"师父你干什么"，他说"我歇会儿"。为什么一个"歇会儿"的人会是三个干活的人的师父？唐僧不仅武艺不如别人，他还走到哪儿就把妖怪招到哪儿。别人是打妖怪的，他是招妖怪的。招妖怪的人是打妖怪的人的师父，这个我们得问为什么。

平常他的确不如别人，但在关键时刻，遇到困难的时候，他们的态度就不一样。孙悟空说，他回花果山。猪八戒说，他回高老庄，娶媳妇。沙和尚说，他回流沙河。这是三个除魔降妖的人的态度。而招妖怪的师父说：你们都可以回去，我自己到西天去。这是唐僧比他的三个徒弟高明的原因，也是他成为三个人的师父的原因。

再回到那个问题：那么到底是什么原因让孙悟空跳不出如来佛的手掌心呢？星云大师和刘长乐所著的《包容的智慧》中有一段话，似可解释这个话题，"有"是有穷有尽，有量有边的，有了之后就没有了。"无"就是无穷无尽，无量无边。无自然胜过有。虚空包容万有，孙悟空是"有"，如来佛是"无"，所以那猴头皈依佛门后就叫"悟空"。

如来的手掌真的这么大吗？不是，如来是境界，是思想和文化的力量，思想和文化的力量无边无垠。

思想和文化的力量告诉孙悟空：你如果不保护好师傅，你就没有出路，我就能管住你。佛祖如来把这猴头压在五行山下五百年，一是为了惩戒，维护天庭的威严，二是为了磨炼这猴子的禀性。

马克思主义在强调物质生产在社会发展中的决定作用的同时，充分肯定精神活动在人们改造客观世界的进程中能够起到巨大的能动作用。在我国革命、建设和改革的各个历史时期，用革命精神武装起来的中国共产党人和中国人民，以少胜多，以弱胜强，战胜了无数的艰难险阻，创造了一个又一个人间奇迹。

毛泽东同志，邓小平同志，习近平同志，都重视思想的力量。

毛泽东同志有句名言：人是要有一点精神的。他说：精神发扬起来，许多认为做不到的事情做得到。

毛泽东同志曾用精神的力量、思想教育的作用，唤起了人们为革命的奋斗和牺牲热情，正是依靠这种精神支柱，他和他率领的队伍才一次又一次从艰难困苦中走出，创造了一个又一个的革命奇迹，乃至完成人类史上罕有其比的二万五千里长征。

新中国成立之初，毛泽东同志号召全党一定要保持革命战争时期那么一股劲，那么一股革命热情，那么一股拼命精神，把革命工作做到底。

邓小平同志强调"一靠理想，二靠纪律"，他还提出：风气如果坏下去，经济搞成功又有什么意义？

没有坚强精神的民族，是没有前途的。用崇高精神武装起来的中华民族，是拥有希望、拥有未来的民族。

习近平同志指出，实现中国梦必须弘扬中国精神。这就是以爱国主义为核心的民族精神，以改革创新为核心的时代精神。这种精神是凝心聚力的兴国之魂、强国之魂。实现中国梦，我们必须用中国精神凝聚中国力量，这就是中国各族人民大团结的力量。他曾经谈到，回顾我们的成长史和发展史，中国的革命之所以取得胜利，得益于先进理论的武装。马克思主义带来的不是物质的力量，而是精神的力量，理论的力量，这是我们不可多得的思想武器。

人无精神不立，国无精神不兴。伟大的时代孕育伟大的精神，伟大的精神牵引伟大的梦想。

中国文化是独特的，它绵延几千年，没有毁灭性的文化断层。近200年的落后挨打，中国文化受到了西方文化强有力的挑战，以致失去了自信，妄自菲薄。

在建党95周年庆祝大会的重要讲话中，习近平同志指出"文化自信，是更基础、更广泛、更深厚的自信。""我们要坚持道路自信、理论自信、制度自信，最根本的还有一个文化自信"。"中国有坚定的道路自信、理论自信、制度自信，其本质是建立在5 000多年文明传承基础上的文化自信。"

文化自信是一个民族、一个国家以及一个政党对自身文化价值的充分肯定和积极践行，并对其文化的生命力持有的坚定信心。

文明，特别是思想文化，是一个国家、一个民族的灵魂。无论哪一个国家、哪一个民族，如果不珍惜自己的思想文化，丢掉了思想文化这个灵魂，这个国家、这个民族是立不起来的。

习近平同志指出，没有文明的继承和发展，没有文化的弘扬和繁荣，就没有中国梦的实现。我们有博大精深的优秀传统文化，是我们最深厚的文化软实力，是我们文化发展的母体，积淀着中华民族最深沉的精神追求。这些千百年传承的传统文化，已浸润于每个国人心中，成为日用而不觉的价值观，构成中国人的独特精神世界。正如习近平所说，中国传统思想文化"体现着中华民族世世代代在生产生活中形成和传承的世界观、人生观、价值观、审美观等，其中最核心的内容已经成为中华民族最基本的

文化基因。这些最基本的文化基因,是中华民族和中国人民在修齐治平、尊时守位、知常达变、开物成务、建功立业过程中逐渐形成的有别于其他民族的独特标识"。

文化的优秀、国家的强大、人民的力量,就是我们文化自信的强大底气。正如习近平同志所说:"站立在960万平方公里的广袤土地上,吸吮着中华民族漫长奋斗积累的文化养分,拥有13亿多中国人民聚合的磅礴之力,我们走自己的路,具有无比广阔的舞台,具有无比深厚的历史底蕴,具有无比强大的前进定力。中国人民应该有这个信心,每一个中国人都应该有这个信心。"党的十九大报告中强调,文化是一个国家、一个民族的灵魂。文化兴国运兴,文化强民族强。没有高度的文化自信,没有文化的繁荣兴盛,就没有中华民族伟大复兴。的确如此,我们没有理由不自信!

如来的思想文化境界,一般人是看不见、摸不着,但即便本领高强如孙悟空,也不能忽视思想文化境界的存在和力量。今天的人们要追求思想文化境界的提升,首先要学会自我约束,自我守法。要像孙悟空那样,在"佛法"面前,始终有个"紧箍咒"。

现在有的官员犯了事,逃到了美国,逃到了世界各地,最后还是要回来,因为翻不过如来的手掌心。

中央反腐败协调小组国际追逃追赃办公室发布统计数据,截至2017年3月31日,两年的时间,"天网"行动先后从90多个国家和地区追回外逃人员2 873人,其中国家工作人员476人,"百名红通人员"40人。为什么叫天网?天网恢恢,疏而不漏,天网就如同如来的手掌心,在我们国家,天网就是健全的法治。

我自己感悟,做人做事,还是要有诚信。

第十四章　每个人都有自己的梦想

　　在做人方面，我提倡两句话，一句话叫大胆做人，另一句话叫公平做人。

　　大胆做人，就是只要你为了别人，不伤害别人，不损害环境，不违反法律，就可以尽管去大胆做人。你做到这一点，就像到了西天取到真经的孙悟空一样，一摸自己的头，紧箍自然没了。《西游记》最后一章，孙悟空成佛，他第一件事就是要唐僧念松箍咒。唐僧就说："当时只为你难管，故以此法制之。今已成佛，自然去矣，岂有还在你头上之理！你试摸摸看。"这就是"松箍咒"。唐僧成了佛，随口一说就是咒语。悟空一摸，那紧箍儿果然没了。

第十五章　向绿色发展转型迈进

最担心企业品牌的长久生命力

从记事起到现在,我一直奉行低调做人,高调做事。

低调做人,在姿态上低调,在低调中修炼自己,谦卑处世,大智若愚,懂得让步,主动吃亏,以宽容之心度他人之过;在心态上低调,功成名就之后保持平常心,取得成绩时感谢他人、与人分享,知足者常乐,淡泊名利无私奉献,生活上简朴、低调;行为上低调,不要小聪明,让自己始终处于冷静的状态,兢兢业业;在言辞上低调,讲话有分寸,不伤害他人,得意时要少说话。

高调做事,是一种责任,一种气魄,一种精益求精的风格,一种执着追求的精神。所做的哪怕是细小的事、单调的事,也要代表自己的最高水平,体现自己的最好风格,并在做事中提高素质与能力。在思想上高调,给自己一个希望,保持向上的激情、成功的欲望和自信心,把挫折当成垫脚石,对生活充满热情;在细节上高调,用心做事,尽职尽责。

高调做事,是因为始终思考如何让企业的生命力更长,如何为社会为人民创造更多的财富,如何让未来变得更好。

创办企业30年来,我也经历了一些起伏沉浮,"仁者不忧,智者不惑,勇者不惧",我也基本能做到不忧、不惑、不惧,我个人是一个知足常乐的达观之人，但还是有一些危机感和忧患意识。

我最忧虑的，还是乐化企业品牌，能否保持长久的生命力。

历史有时也很无情。企业作为创新的主要源泉地，却拥有着极短的寿命和极高的淘汰率。据《财富》杂志报道，美国中小企业平均寿命不到7年，大企业平均寿命不足40年。而在中国，中小企业的平均寿命仅2.5年，集团企业的平均寿命仅7~8年。美国每年倒闭的企业约10万家，而中国有100万家。不管是百年老店还是商界新秀，不管是资产过万亿元的巨无霸企业还是杂货小店，都面临"生存还是毁灭"的考问。

世纪之交，柯达、诺基亚、摩托罗拉都是各自行业的引领者，拥有看似稳固的行业地位，甚至储存了不少最领先的技术，但已经无奈走向消亡。如果说柯达是胶卷的代名词，那么诺基亚一度也是手机的代名词，从1996年开始，连续15年占据全球手机市场份额第一的位置，巅峰时期更是拥有超过38.6%的市场份额，2007年，诺基亚净利润亦高达80亿欧元。到2012年，三星首次取代诺基亚成为全球手机销量最高的企业，后者市场份额降至19.6%，此后便开始一泻千里。2013年，诺基亚手机业务被微软收购，54.4亿欧元的价格不及辉煌时诺基亚1年的净利润，更不及其巅峰时期2 500亿美元市值的零头。

这些深刻的教训，就发生在眼前，我们搞企业的，能不引以为鉴吗？

搞企业之后，我感觉自己就像上了一条船，只能拼命往前划，因为逆水行舟不进则退，慢进也是后退，时刻有一种无形的力量在催促着自己不停地往前走。

我们可以设想一下，乐化一直是依法纳税、依法为职工缴纳

保险金，承担了企业的社会责任，如果某一天因为企业利润下降，而导致企业纳税下降的话，就会影响到我个人品质和企业品牌。

乐化现在面临机遇和挑战，因为企业发展起来了，即使出现困难，一般也不会是生存危机。但作为这条船的掌舵人，我考虑得比较多的、我比较忧虑的，是不进则退，不发展，就会被市场抛弃。

古人说"兴必虑衰，安必思危"，就是说在兴旺时要考虑到衰微，在太平安乐之时要想到危难。

忧患意识是一种危机感、责任感、使命感，是中华民族的生存智慧，中国传统文化中的忧患意识非常浓烈。《易·系辞》有言："危者安其位者也，亡者保其存者也，乱者有其治者也，是故君子安而不忘危，存而不忘亡，治而不忘乱。是以身安而国家可保也。"孔子在后面特别加上一句："作《易》者，其有忧患乎？"即认为忧患意识乃是《周易》作者的主体思想。孟子说了一个道理："人恒过，然后能改；困于心，衡于虑，而后作；征于色，发于声，而后喻。入则无法家拂士，出则无敌国外患者，国恒亡。然后知生于忧患而死于安乐也。"

居安思危就是忧患意识的集中体现，也是中华民族从古至今绵延不绝的智慧。从孟子的"生于忧患而死于安乐"，到确定《义勇军进行曲》为国歌，新中国都成立了，中国人民都站起来了，为什么还要唱"中华民族到了最危险的时候"呢？不就是具有居安思危的忧患意识吗？党的十九大报告开篇就号召"全党同志一定要登高望远、居安思危，勇于变革、勇于创新，永不僵化、永不停滞，团结带领全国各族人民决胜全面建成小康社会，奋力夺取新时代中国特色社会主义伟大胜利。"

第十五章　向绿色发展转型迈进

三代企业家的成长之路

乐化能够发展起来,除了方方面面的条件外,有一条很重要,就是处在中国社会主义市场经济从破冰到成功再到完善的过程中,我们是生逢其时。

改革开放以来,我们国家涌现了一大批企业家。

第一代企业家是20世纪80年代初期,由乡镇企业改制而来成立有限公司,由农民组成,没有文化、没有技术、没有市场理念,为了生存敢干、敢闯、敢拼,从实干、实在做人做事而干起来的企业家,这批企业家的核心竞争力,是由于受教育的程度不高,文化水平不高,也伴生了一个"好处",就是思想羁绊少,敢闯敢干,这一批企业家的一大功绩,是改变了农民"面朝黄土背朝天"的境地。

1995年,一位市领导问我,你有什么胆识、能力,干这么大的企业?我说,初生牛犊不怕虎。

这一批企业家虽然胆大敢干,但也是道德高尚、实事求是的企业家。

第二代企业家是2000年成长起来的企业家,有文化,有社会人力资源,有社会关系,有国家发展改革的信息资源,凭信息、文化,在大城市发展,抓住了国家改革的机遇,瞬间扩张,但与国际上的企业家仍无法相提并论。

第三代企业家以马云、李彦宏等为代表,有文化,有知识,有市场理念,个人能力非常强,伴随新经济的兴起,依靠风险投资、互联网经济迅速发展起来,更具国际视野和创新意识,熟悉国际规则,创始人或管理团队具有"海归"背景,能够在全球竞争中搏击风浪。第三代企业家才真正具备与国际企业家站在同一

个舞台比拼的素质、能力和实力。

著名企业家柳传志曾这样总结中国三代企业家成长之路：20世纪80年代企业家主要面临的是体制风险，进入90年代则主要面临经营管理风险，而21世纪企业家必须通过制定战略、塑造企业文化进行"基础管理"，这样企业才能在激烈的竞争中存活下来。

中国几十年的经济发展历程，其实就是从计划经济向市场经济过渡的过程。

第三代企业家非常优秀，他们有科学的思维，科学的理念，他们能够整合世界最新思想理念和科技成果。

特朗普当选美国总统后立即会见马云，马云似乎通过一次谈话就搞定了这位在竞选中惯常对科技业和中国企业大放厥词的总统。在会见后，特朗普公开称赞马云"是一位非常非常出色的企业家，全世界最好的企业家之一"，并称"杰克和我要一起做一些伟大的事情"。马云也对媒体说，他和特朗普都同意，中美关系"应该加强、应该更友好，可以一起做得更好"。

马云到底是怎么做到有这么大的影响的？那就是马云在他与特朗普之间以及中美之间找到了一个好的利益共同点。要知道，他们两位都是成功的商人，商人与商人之间交流起来往往更加直白简单，特朗普之所以被打动，是因为马云抛出了能够打动特朗普的东西：马云成功地使特朗普相信，他和阿里巴巴公司有能力帮助特朗普提振美国的中小企业。而特朗普将之归入"一些伟大的事"范畴，使美国中小企业主的产品更方便、快速地触达13亿中国消费者，这大概就是特朗普所说的"伟大的事情"吧。从这个角度讲，马云与特朗普所讨论的未来5年内在美国支持100万中小企业之事并非不可思议。想想阿里巴巴公司在中国的作为就明白了，根据近期中国人民大学劳动人事学院《阿里零售平台带动就业问题研究》课题组利用投入产出法进行测量的结果：仅2015年一年，阿里平台总体为社会创造3 083万个就业机会，其中交易型就业1 176万、支撑型就业418万（电商物流203万，电商服务业215万）、带动（衍生型）就业1 489万，主要包括上下游制造业、批发业、金融、物流、服务商等行业和岗位。

马云讲的那些东西，马云所想所做，特朗普不一定有条件做。但中国人就是敢想敢干。

以网络为例，中国还是一个发展中国家，但网络是先进的，对于中国很多人来说，已经和4G亲密接触快4年了。移动支付、视频聊天、即拍即传……一台智能手机带来的便捷，背后都是移动通信技术的进步。最新数据显示，截至2017年4月底，我国移动电话用户总数达到13.5亿户，2G和3G用户继续向4G用户转换，4G用户总数达到8.49亿户。

如果说4G改变的是生活，那么正在袭来的5G热潮或许将会改变社会。而中国，必然不会缺席这场盛宴。目前，我国在5G标准研究上已居全球主导地位。中国移动宣称，已在北京、上海、广州等地进行5G外场测试，期望在2018年完成5G试商用。未来每一个5G基站至少能够提供每秒20G的下行速率和每秒10G的上行速率。5G时代，即便你是在时速高达500千米的高铁上驰骋，依然能够享受流畅的网络体验。

所以中国的网购很发达，外国人可能都不敢想象。以淘宝天猫"双十一"销售额来看，2009年为0.5亿元；电商"双十一"再次刷新历史纪录。据悉，阿里+京东"双十一"交易额达2 953亿元，其中阿里1 682亿元，京东1 271亿元。这是什么增速啊！

敢想敢干，就像邓小平说的，先"不争论"，先干起来再说，

就像电子商务，先干起来，一开始似乎也有些乱，但不争论，渐渐地通过立法来规范网络管理。2014年3月15日起，《网络交易管理办法》（以下简称《办法》）实施，有效地规范网络商品交易及有关服务行为，保护消费者和经营者的合法权益，促进网络经济持续健康发展。比如，《办法》要求，网络商品经营者销售商品，消费者有权自收到商品之日起七日内退货，且无须说明理由；鲜活易腐、定作等四类商品除外。消费者的网购"后悔权"将在法律和部门规章层面都获得支持。

中国人是聪明的，敢想敢干。日本松下株式会社专任董事及互联网解决方案社长樋口泰行坦言，日企在中国市场不再拥有明显的产品优势，而且中国企业的创新速度及执行效率非日企所能及，他在中国街头看到到处停放着不同颜色、不同公司推出的共享单车，和日本驻华大使一起感叹："这样的事业再过100年在日本也实现不了"。因为日本有道路安全法等法规，要推共享单车得先厘清安全责任等各种问题。很多日本人认为，日本各种法规约束太多，推广新鲜事物速度太慢。樋口泰行感叹："我发现中国人都很有事业眼光，把很多不可能变成可能。"

乐化的未来：打造贸易旅游服务一体化的总部经济

我对公司的未来有一个设计和规划：到2020年实现产值100亿元，目标200亿元。

山东省第十次党代会提出"要加快转变经济发展方式，调整优化经济结构，不断增创发展的新优势。""转调创"成为新时期山东经济发展的主基调。如果说过去我们主要解决的是总量和速度这样的问题，那么今天更重要的是解决结构和质量的问题，经济结构问题、产业结构问题、创新占比问题，以及如何适应资源

第十五章 向绿色发展转型迈进

约束、环境约束问题。

在过去的30年,我们抓住了市场经济机遇,建立了现在这个平台,为乐化集团营造了良好的发展格局。通过近几年国家经济转型发展的走向,我感觉企业如果继续按照老的思路,如果不加快"转调创",不搞新产品开发,那么未来五年我们整个集团将会面临严峻的挑战。

我现在带领乐化一班人,主要做两件事。

一是转思想,从以前的主要通过自我奋斗,到在一个法治化的社会环境下如何通过守法经营获得发展。

我越来越认识到,无论企业如何发展,我还是秉持行公平、做善事、守法律的原则,这样反而会赚到钱;反之,你一个劲地想去挣钱,反而挣不到钱。

二是产品转型,油漆产品由油性转化为水性醇酸,经过青岛公司的努力,已经打好基础。目前,企业品种已由过去单一的几个品种,扩大到10大系列100个种类,在国内制漆业品种最全。

集团公司要健康发展,主业由漆业公司、青岛公司把握未来的产品研发和市场开辟,市场巩固,主业的发展靠漆业公司、青岛公司的联合发展,靠这两个公司的班子拼搏。集团公司重点发展国贸公司,调整战略,增加销售收入,利用集团这些年发展树立起来的品牌和形象,不断提高综合效益。我们非常自豪于我们的品牌发展、依法经营。我们公司在昌乐县赢得了领导和社会的好评,对我们乐化集团想干的事、想开辟的市场和想拓展的业务,社会各界都积极拥护,大力支持,关键我们如何抓住这个机遇进行扩张,这就要看今后国贸公司的发展。

我很早就在考虑转型,其他大的工业项目暂时不上了,把精力用来做大国际贸易。有一次我和镇党委书记庞明庆一起去澳洲

考察，从悉尼到堪培拉，我们参观了许许多多的工厂，许许多多的建筑，许许多多的商场，我发现了一个秘密：中国油漆与西方油漆质量差别甚微，但价格悬殊，中韩差价是1∶11，中俄差价是1∶6，中澳差价则达到1∶12。显然，开办国外公司，让中国油漆进军国际市场，将获得巨额利润。

当时我就想到了我们公司的广告用语：乐化油漆，刷新世界。

接下来我考虑发展旅游业、餐饮业，由生产型转向服务型。

企业的转型，我考虑得比较多，就是围绕国家大的战略，通过转方式，调结构，创优势，构建百年企业。

我的思路是，工业产品不新上规模了，保持原有的规模，用科技更新工业产品。

我们计划投资2亿元左右，在原厂区内对现有油漆涂料生产线进行改造升级，增加20万吨纳米改性海洋防腐涂料项目，发展节能环保型涂料及相关产业，这一产品无污染、寿命长、附加值高、自带清洁功能，建成后，在不新增占地、不增加环保容量的前提下，年产能将达到35万吨，新增主营业务收入40亿元左右、利税5.2亿元左右，带动就业600多人。

我设计的转型顺序是：根据国家提出的转型发展要求，发展我们的国际贸易；把国际贸易做大做强之后，发展旅游业；旅游产业做起来之后，做强服务业。

总体来说，集团未来由工业转向贸易旅游一体化发展，着力进行企业总部建设，大力发展以贸易、旅游、服务产业为主的总部经济。

投资建设企业总部和配套的洋房、南流泉旧村改造、南流泉景观区等，南流泉景区规划约700亩水面，500多亩陆地绿化面积，建设惠泉庄园、惠泉湖、惠泉塔、惠泉寺等惠民项目，预计共投资50亿元左右。

2013年6月，我们发起成立了昌乐县国际商会，以商会为依托为会员提供信息、法律、融资、贸易交流共享服务平台，目前已有80多家企业入会。

同时，我们还成立了山东乐强国贸有限公司，依托山东乐化集团有限公司在全国设置的200多个销售网点和办事处及覆盖全国的物流系统，加之与10多个国家有贸易往来的优势，为商会会员打造一个覆盖全国、面向世界的贸易平台。会员企业根据各自业务需要，自愿委托贸易平台销售货物和采购原材料，依托其大规模采购降低进货成本，借助销售网点拓展产品销售业务，利用物流系统及时快速配送货物，既降低了会员企业市场开拓成本，又节省了生产运输费用。

我们还通过贸易往来吸引国内外来客，带动旅游、服务业的发展，改变旅游纯粹以营利为目的的问题，还原旅游的本质，真正做到游览当地的风土人情、自然景观，促进经济协调发展。

在发展总部经济的同时，我们计划建设首阳山国家森林公园旅游项目，计划投资20亿元左右，用5年左右时间完成项目的全部投资建设。一期计划投资4亿元左右，建设野生动物园、700亩瓜果采摘园、大型儿童乐园，配套各种民族文化娱乐节目演出等，从而促进昌乐旅游业的发展。

旅游服务业是公益性事业，旅游产业其实是和我们的地球联系在一起的，依靠地球，依靠大自然风光，让人赏心悦目，流连忘返，旅游文化产业，结合当地的文化，积淀而成为名胜古迹。一般的产业越新越好，而旅游文化产业，越老越有品牌，越有形象和效益。

2013年，我们提出了《关于对企业家总部、红河、汶河及仙

月湖进行生态旅游综合开发的初步设想》。

为加快企业转型升级，实现多元化发展，经过初步考察论证，公司拟采取独资或合资的方式，投资24.78亿元对企业家会所、红河、汶河及仙月湖进行生态旅游综合开发。

一、初步设想

乐化集团以企业家总部基地公园为统领，投资1亿元建设水中公园，把企业家总部及会所建设成山东乃至世界的集国际化的贸易、国际化的市场、国际化的服务、国际化的旅游于一体的综合文化中心。在企业家总部设立旅游公司，依托昌乐县原有和正在开发的旅游景点，重点开发企业家总部、红河、汶河、仙月湖，规划建设以朱红路为轴的现代经济产业带，打造一条纵贯南北、覆盖全县、集宝石、生态、文化、产业、旅游于一体的休闲旅游新干线（企业家总部—朱红路经济产业带—红河—汶河—仙月湖）。

二、项目开发构想

1.企业家总部及会所综合开发项目

该项目预计总投资1亿元，分为水系的综合改造、新建码头及游艇、旅游公司、企业家会所的提升4个单体项目。把企业家会所建成集居住、休闲、商务于一体的国际化的交流中心。

2.朱红路现代经济产业带

投资2亿元，贯通宝通街与朱红路，形成昌乐县城与朱红路的有力衔接，提升朱红路的承载力。同时，以朱红路为依托，划分不同的经济园区，制定优惠政策，把相关企业向朱红路集中，形成以朱红路为轴的产业旅游观光带。

3.红河综合开发项目

该项目总投资5.92亿元，分为河道治理、两岸护砌、新农村社区建设、养老院及肖家庄桥6个单体项目。分别是：

（1）河道治理。红河河长9 700米。该项目投资3 500万元，动用土石方120万方，设拦河坝6座，绿化38万平方米。

（2）两岸护砌。投资1 000万元，在河边用柳子护坡每边30米，发展特色种植基地1 000亩。利用柳子可发展特色编织加工业。

（3）酒店休闲中心。投资4 000万元，在红河河北侧建设酒店、休闲娱乐中心、游泳池等配套设施。该项目规划占地60亩。建筑面积2万平方米。

（4）新型农村社区。投资5亿元，沿红河两岸新规划农村社区2处，规划占地600亩，涉及16个村、1万口人。

（5）新型养老院。在肖家庄北侧，投资500万元，建设容纳200人的新型养老院。

（6）新建肖家庄桥。投资400万元，新修肖家庄桥设计三孔桥宽8米。

4.汶河综合开发项目

该项目总投资12.46亿元，分为汶河及北堤整治、观光园、农家乐及配套设施、3个新农村社区建设、新建汶河大桥5个单体项目。分别是：

（1）汶河截潜改造。汶河在红河镇辖区内12.4千米。计划投资0.86亿元，动用土石方300万方，建拦河坝6座，绿化面积24万平方米。

（2）河堤北侧综合开发。投资1.2亿元，沿12.4千米的汶河北河道，规划宽100米的"上藕下鱼"观光园。完成北堤5 000亩的土地整治任务，动用土石方1 000万方。

（3）农家乐及配套设施。投资1 000万元，沿观光园北侧，规

划100米宽、配套设施齐全的农家乐休闲游乐园。

（4）新型农村社区。投资10亿元，新规划农村社区3处，规划占地1 200亩，涉及20个村、2万人口。

（5）新汶河大桥。投资3 000万元，建设新汶河大桥，连接沂蒙山区，桥设计25孔，桥宽20米、长380米。

5.两河（红河、汶河）连接工程项目

计划投资4 000万元。

（1）建设东西2条连接红河、汶河的高标准公路。

（2）沿新建的2条公路，建设葡萄、油葵、玫瑰等特色种植业基地5 000亩，建立葡萄庄园及储存基地和葡萄酿酒厂。

6.高崖水库旅游综合开发项目

投资3亿元，从汶河（平原）至高崖水库，全长12千米，在水库北侧设立旅游娱乐中心，在水库南侧建设宾馆、农家乐、农业生态园等服务设施，在水库东山上建立葡萄等特色种植基地6 000亩，利用白塔优势，发展现代农业，建设冷库储藏室，将库区的有机农作物精加工，储存后供应到企业家总部。

7.在开发"一领二河一湖"的基础上，把昌乐旅游资源及历史文化充分结合（火山口、方山、王襄元、孤山、石祖林等），打造历史文化古迹，展示昌乐文明，让国际友人及国内游人在昌乐享受到国际化的服务。

三、效益分析

"一领二河一湖"综合开发项目完成后，可实现生态效益、经济效益和社会效益的"多赢"。预计可提供就业岗位20 000个，增加水浇田2万亩，可节余土地6 000亩。带动周边群众人均增收1.5万元。

第十五章 向绿色发展转型迈进

项目名称		投资项目	开发效益
1.企业家总部及会所综合开发项目	水系的综合改造及企业家会所的提升	水系占地约700亩。绿化、景观、居住、服务等提升设施，建立旅游公司，新建码头，配套游艇等服务设施	美化环境，增加人气，凝聚商气
2.朱红路现代经济产业带	从胶王路到平原长23千米	投资1亿元，规划建设以朱红路为轴的经济产业带	预计年可提供就业岗位12 000个，带动周边经济发展
3.红河综合开发项目	（1）河道治理长9 700米	计划投资3 500万元，整治河道及河岸沿路硬化、河岸绿化、建拦河坝6处	可优化生态环境；提高水位，增加水浇田6 000亩
	（2）两岸护砌	用柳子护坡，发展编织产业	沿岸百姓，人均增收1万元。增加就业岗位200人
	（3）酒店休闲中心	投资4 000万元，建设2万平米酒店、休闲娱乐中心、游泳池	增加就业岗位200人，提升镇区服务水平
	（4）2个新农村社区	投资5亿元，合并16个村、1万人口	可进一步提高群众生活水平，推动城乡一体化发展。可节余土地2 000亩
	（5）新型养老院	投资500万元，建可容纳200人的养老院	可解决附近村200名五保老人的集中供养问题
	（6）新建肖家庄桥	投资400万元，新修三孔宽8米的肖家庄桥	方便群众生产生活，带动周边经济发展，提高防洪能力

续表

项目名称		投资项目	开发效益
4.汶河综合开发项目	(1)汶河截潜改造	投资0.86亿元,整治河道,建拦河坝6座,硬化、美化、绿化汶河北堤	生态、社会效益明显;可增加水浇田5 000亩
	(2)河堤北侧综合开发	投资1.2亿元在北堤外侧建12.4千米的"上藕下鱼"观光园。整治土地5 000亩	年可收获藕280万吨,水产240万吨,人均可增收1万元
	(3)农家乐及配套设施	投资1 000万元,沿北堤观光园外侧建农家乐休闲中心	可提供600个就业岗位。带动周边经济发展
	(4)3个新农村社区	投资10亿元,新规划农村社区3处,涉及20个村、2万口人	可进一步提高群众生活水平,推动城乡一体化发展。可节余土地4 000亩
	(5)新汶河大桥	投资3 000万元,建设新汶河大桥,连接沂蒙山区,桥设计25孔,桥宽20米、长380米	贯穿南北交通,方便群众出行,增加人气、商气
5.两河连接工程项目	东西两条公路长14.4千米	投资4 000万元,建设2条南北公路,连接汶河、红河,建设特色种植基地和葡萄酿酒厂	经济、社会效益明显,建设特色种植业基地,人均年可增加收入6 000元
6.高崖水库旅游娱乐中心综合开发项目	从汶河(平原)至高崖水库长12.4千米	投资3亿元,在高崖水库南侧建设宾馆、饭店、葡萄种植基地等设施	可进一步完善高崖水库景区配套设施。发展旅游业及现代农业。提供就业岗位2 000人

第十五章　向绿色发展转型迈进

我们对项目进行了初步设想和概算的同时，进行了深入的考察论证，也请领导提出意见和建议，聘请专业的规划设计公司，编制可行性报告，拿出高水平的规划设计方案，尽快启动项目建设。

这几年，面对经济下行压力，我们国家没有采取"大水漫灌"式的强刺激，也没有沿袭过度依赖投资、消耗资源的传统发展方式，而是通过改革创新，持续调整结构，使经济增长从过去的过多依赖投资、出口拉动，转向更多依靠消费拉动、服务业带动和内需支撑。2016年，消费对经济增长的贡献率上升到64.6%，成为经济增长的主要力量；服务业增加值占比提高到51.6%，占了半壁江山。从消费来看，中国每年不仅购买大量的国外消费品，去年进口了1.6万亿美元的产品，而且全年出国达到1.3亿人次。

国家正在继续用市场化、法治化的办法，推动钢铁、煤炭、煤电等行业化解过剩产能、淘汰落后产能。中国已进入中等收入国家，消费至关重要。消费需求是最终需求，扩大消费就可以拓展市场巨大的潜力，也就可以带动更多的就业，国家正在适应消费升级的需求，不断改善消费环境，培育消费热点，壮大新兴消费，这不仅能改善人民生活，也可以为经济的包容性增长、持续发展增添动力。

我非常支持昌乐县委、县政府提出的引入民营资本共同参与，形成企业互助、行业合作、产业链接、商机共创的良性运转体系的号召，并在第一时间付诸行动。2012年，我决定集团投资39亿元，以占企业总部基地公园总投资80%的份额，承担高档商务会所、企业家公寓、配套服务区和南流泉村安置区的开发建设，总建筑面积约100万平方米，占企业总部基地公园总建筑面

积的80%以上。

敢于请缨承建企业总部基地公园的大部分工程，敢于以前所未有的大手笔向自身发起挑战，这源于乐化集团与生俱来的社会责任感。我公开讲过："没有全县上下的支持，乐化很难有今天的发展。乐化声誉、品牌究竟怎么样，大家有目共睹。我就是要用乐化的信誉和乐化的品牌参与其中，这是我最大的资本。"

我也公开了我的打算："我们把参与生态新城建设，作为一项公益事业来运作，并且用心用力去做。生态投入就是对我们自己未来最大的投资，要舍得下血本。这既是为了回报政府、回报社会、回报全县人民对乐化恒久不变的厚爱，也是作为当地企业的一种历史担当，尽自己的一份力量。建设自己富强、生态、幸福的家园，是我们义不容辞的责任。"

党中央适时提出绿色等五大发展新理念。习近平总书记期望蓝天、白云、绿水青山。无论走到哪里，他都心系生态环境保护。在云南，他跟当地领导在洱海边合影时说："希望多少年后再照一张照片，那时水比现在更干净、更清澈，如果不干净了，我要找你们。"在他看来，绿水青山就是金山银山，保护环境就是保护生产力。"不能吃祖宗饭、断子孙路，用破坏性方式搞发展"；"要像保护眼睛一样保护生态环境，像对待生命一样对待生态环境"。

为了保护生态环境、留住绿水青山，习近平总书记亲自部署实施中央环保督察，要求严查腾格里沙漠污染等破坏生态的事件。对那些不顾生态环境盲目决策、造成严重后果的人，他要求追究责任，而且应该终身追究。如今，中央环境保护督察，在已督察的16个省份问责6 400多人。

《生态文明体制改革总体方案》印发、新《环境保护法》施

第十五章 向绿色发展转型迈进

行、党政领导干部生态环境损害责任追究办法出台……在他的推动下,一项项改革措施密集出台。如今,政绩考核不再简单以GDP论英雄,责任追究制度让各级领导干部警钟长鸣,"绿水青山就是金山银山"的朴素道理,正得到越来越多人们的认同。

形成绿色发展方式和生活方式并非一日之功,每个人都应该做践行者、推动者。在建设美好家园的道路上,习近平和每一个中国人一样,一直努力着。

环境是欠账太多,因而绿色发展还有许多努力的余地和空间,由此也会带来新的机会。相比之下,工业产品产能过剩等问题,困扰的不是一两家企业。我把我的价值和能力回报给后代人,为后代人创造良好的生态环境,提高后代人的生活品质,同时发展服务业以提升人民生活水平。在产业发展方面,我就是要抢占这个空间。

我曾经对我的同事们讲:我没有饭吃的时候,带着大家一起找饭吃。现在不一样了,今后,保护生态环境却是一项永久需求的行业,空间和机会非常大,因为大自然与你共存。

"三十而立",走过30年风雨历程的乐化集团正当壮年,正逢盛世,已经屹立于齐鲁大地,并且有着更加美好的未来和远方。乐化从有到无,从弱到强的30年,也是我人生从青年走向中年的30年,"乐化"两个字里,包含着我太多的人生阅历、人生思考和人生体验。30年,有太多的人值得感谢,恕不能一一提及他们的名字;30年,有太多记忆刻骨铭心,笔力有限,不能一一记于纸端。30年的厂庆是一次对历史的整理和回望,更是对美好未来的展望和描绘。

中国共产党第十九次全国代表大会的召开,开启了新时代中

国特色社会主义的伟大事业。党的十九大报告指出：中国特色社会主义进入新时代，我国社会主要矛盾已经转化为人民日益增长的美好生活需要和不平衡不充分的发展之间的矛盾。新时代中国特色社会主义思想，明确坚持和发展中国特色社会主义，总任务是实现社会主义现代化和中华民族伟大复兴，在全面建成小康社会的基础上，分两步走在21世纪中叶建成富强民主文明和谐美丽的社会主义现代化强国。

　　党的十九大，为企业发展指明了方向，增添了新的发展动力，展望党中央提出的"两个一百年"的宏伟奋斗目标，相信乐化集团在中华民族伟大复兴的历史潮流中，一定会乘风破浪，扬帆远航。

附：乐化集团大事记

1987年4月，沈孝业带着12个人，借了1万多元，在一片荒地上盖起了十几间平房作为厂房，土法上马搞起了油漆的研制与生产，开启了乐化发展的征程。1988年企业发展到30多人，年试验、生产2吨多油漆，1989年企业经营困难，仅剩10多人。

1990年沈孝业继续带领十几人研发、试验、生产，在7月15日，试验、生产时的一场火灾使整个生产车间化为一片废墟，十几名职工烧伤6人，烧伤最重的员工，烧伤面积高达93%，沈孝业本人烧伤面积达47%，其他4人分别不同程度的受伤，企业遭受最严峻的考验。但1990年底，沈孝业在尚未完全康复的情况下，拄着拐杖，组织员工，与员工一起清理现场、原料、设备，恢复了生产，又生产了几百斤油漆。

1991年在乡党委政府、全乡父老乡亲的关心支持下，经历过磨难的乐化人从挫折中重新起步，为了不辜负乡党委政府和乡亲们的期望，沈孝业继续带领几名员工艰苦创业。那时本县一小油漆厂倒闭，出卖整套设备价格8万元。乐化到银行贷款8万元购进一整套设备，使油漆厂年生产能力由几吨达到了500吨。当年投产、当年创效，收回投资，使企业起死回生，开始步入正常发展轨道。

1992年12月县委、县政府带领乡镇企业到广州、深圳与外商谈合作、考察，飞到广州上空时，沈孝业从舷窗俯瞰整个广州全景，遍布高楼大厦，想到未来油漆市场巨大，心想500吨规模太小，所以想回去立即创建万吨规模油漆厂。考察回来后，立即向乡党委递交申请，申请由年生产能力500吨扩大到年生产能力1万吨。投资500万元，从批准开工到建厂投产仅用7个月的时间，当年投资、当年见效，产品商标注册为"乐化"牌。

1993年为给油漆厂配套，投资100多万元建成了油漆包装制桶厂。为提高平原中学的教学质量，投资200多万元建立全县第一座中学教学楼和宿舍楼，配备了现代化的教学用品。

1994年为提高企业形象，进行厂区道路硬化和建设办公楼。4月，为了企业更快、更高地发展，沈孝业跟着县领导和镇领导到韩国考察交流学习。在出国前，企业销售部门报表出现日销量大于日产量，通过分析第三、第四季度是产品的旺季，产品供不应求，随即召开企业班子会议，决定由1万吨再扩大1.5万吨，投资800万元，油漆年生产能力由1万吨扩大到年生产能力2.5万吨，在省内与济南、青岛的两家油漆企业形成三足鼎立之势。

同年，企业改制为股份合作制公司，并组建成立山东乐化集团有限公司。

1995年为了保证2.5万吨油漆的质量稳定和原料的供应（当时年用豆油几千吨），投资几千万建立植物油厂。"乐化"牌油漆已在省内家喻户晓，使有些同行生产假冒产品，损坏乐化的声誉，为保护乐化品牌的声誉，为了让客户用到真正的乐化产品，乐化投资300万元新上印铁、纸箱生产线。

1996年 乐化牌油漆知名度由省内扩大到全国，销量增长很快，决定投资2 000万元再新上2.5万吨高档漆生产线，由年生产能力2.5万吨扩大到年生产能力5万吨。

同年，为了吸引人才和提高员工生活环境，投资1 000多万元建了乐化宾馆和员工宿舍楼。

同年10月，企业完善了股份结构，改制为全部由企业内部干部、员工持股的有限公司。

1997年 乐化牌油漆在全国受到用户的好评，销量增长很快，企业决定再投资2 000多万元扩大3万吨，使油漆年生产能力从5万吨扩大到年生产能力8万吨的规模，使乐化成为同类油漆设计生产能力最大的企业之一。

同年8月，沈孝业自愿捐款20万元，设立"昌乐县'孝业'奖学基金"。

同年10月，中国共产党山东乐化集团有限公司委员会成立。

同年10月25日，中共中央政治局委员、中共山东省委书记吴官正同志到乐化视察，对公司的改革发展给予了充分的肯定：你们企业改制后，有一个好的机制，有一个能吃苦创业的好班子，有一支好的销售队伍。

同年11月4日，中央有关部门的相关同志一行，到乐化集团进行考察。

1998年 沈孝业当选为山东省人大代表，并被评为"山东省劳动模范"。

同年，为了保障8万吨生产原材料和产品运输，企业决定投资1 000多万元建成铁路专用线。

同年，为响应县委、县政府关于民营企业参与对倒闭和面临倒闭的国有集体企业进行改制和银行抵债转售的号召，乐化集团实施低成本扩张发展战略，实现了跨区域、跨行业的新突破，在本县先后购买国有集体企业5家，成立昌乐乐化五金制品有限公司、潍坊乐化昌乐铝塑制品有限公司、潍坊乐化酒业有限公司、昌乐乐化化工有限公司、昌乐乐化塑编有限公司。

1999年对1998年低成本扩张战略进行总结，提出对倒闭和面临倒闭及银行抵债转售购买的国有集体企业资产，今后即使无偿赠与企业资产也不能接受。对企业提出"休养生息、强筋壮骨"的发展战略。

同年，乐化牌油漆、涂料产销量完成3.9万吨，成为全省最大、全国名列前茅的生产企业，"乐化速度"被视为发展奇迹。

同年，在省会济南成立了山东乐化经贸有限公司（现为山东乐化进出口有限公司），在上海浦东成立了上海乐化科技发展有限公司。为集团公司由单一生产型向国际、国内商贸型的转变奠定了基础，为参与国际市场的竞争，积累了经验。

同年10月，顺利通过了ISO9002质量体系认证。

2000年"乐化"商标被认定为"山东省著名商标"。

同年，乐化集团6万吨"高档丙烯酸乳胶漆"项目列入国家经贸委"双高一优"项目，使企业年生产能力由8万吨达到14万吨。

2001年企业在厂区周边征地80多亩，新建8个高档工业漆车间，年生产能力由14万吨达到16万吨。

同年，成立山东乐化纳米技术产业化研究中心。

2002年"乐化"牌油漆涂料通过国家涂料技术监督检验中心和国家建材质量监督检验中心的双重检测,并获"中国绿色建材产品推广证书"。

同年6月,"乐化"牌乳胶漆通过"中国环境标志认证产品"认证。

2003年在青岛成立"青岛乐化科技有限公司"。

同年获得"山东省著名商标""山东省工商联系统诚信纳税会员企业""捐资助学先进单位"等称号。

2004年公司被评为"全国守合同重信用企业"。"乐化"牌油漆、涂料通过"3C"强制性产品认证,并获得"国家免检产品"(2003~2006年)称号等荣誉。

2005年4月,沈孝业被评为"全国劳动模范"。

同年,集团企业进行股权重组,产权明晰,各公司独立运行。

2006年企业重组后,沈孝业提出:乐化集团有限公司全体干部员工团结一心,继续发扬艰苦创业、勤俭持家、顽强拼搏的精神,诚信做人,诚信做事,只有经营好乐化这个品牌,才是我们唯一的出路。

2007年通过ISO14001环境体系论证。获得"潍坊市2007年度百强民营企业""2008年度劳动保障诚信示范单位"等荣誉称号。

2008年乐化再次实施"休养生息、强身壮骨"的发展战略,在世界金融危机动荡的时期,乐化集团有限公司恢复了健

康，又重新步入了健康发展的道路。

同年，"乐化"牌油漆获得中国驰名商标。获得山东省安全生产监督管理局颁发"安全标准化二级企业"等称号。

2009年在金融危机的背景下，乐化集团公司的全体干部员工团结一心，发扬了艰苦创业、勤俭持家、顽强拼搏的精神，诚信做人，诚信做事，使乐化集团公司一年创造了前十年总和的经济效益。乐化集团公司又重新继续走向了依法、健康发展的道路。

同年，公司被中国涂料行业协会评为"3A级信用企业"等称号。

2010年乐化集团有限公司由一个油漆为主业的公司，进入了房产开发行业，成立昌乐福荣置业有限公司。

同年，公司新推出"净味内墙墙面漆系列"产品。

同年，荣获"全国模范职工小家"等称号。

同年12月，公司顺利通过清洁生产审核验收。

2011年为了使生产的油漆与国际标准相比达到同等标准，乐化决定上100万吨/年油漆环保助剂项目。

同年，公司通过OHSAS18000职业健康安全管理体系认证。成为"中国涂料工业协会第七届理事会副会长单位"。被中国化工企业管理协会、中国化工情报信息协会评为"2011年中国化工企业500强"。

同年12月，乐化牌油漆、乐化牌建筑涂料获"山东名牌"。

2012年集团公司召开会议分析论证，决定今后集团公司只保留油漆和环保助剂工业项目，不再新上其他工业项目。决定今后集团公司向贸易、旅游、服务业三位一体的旅游文化产业投资。

同年，集团公司为响应县委、县政府发展企业家总部基地经济和城中村改造的号召，积极参与建设总部基地、南流泉城中村改造和老坝河景观改造，把老坝河改造为惠泉湖，打造名列前茅的城内景观。

同年，公司董事获潍坊市"市长质量奖"；乐化漆业公司获得"中国专利山东明星企业"等荣誉称号。

同年11月，寿光公司100万吨/年油漆环保助剂项目立项。

2013年 为发展总部贸易、旅游、服务业经济的战略，县委、县政府批准乐化集团发起成立昌乐县国际商会，依法、诚信、团结、互助共谋发展。公司把乐化发展过程中酸甜苦辣的曲折经历共享在一个文化信息平台，无偿地提供给商会会员借鉴，让会员少走弯路。

同年，乐化漆业公司污水处理厂建成并投入使用。乐化漆业公司获得"2013年中国建材企业500强"等荣誉称号。

2014年 为发展总部经济，县政府批准成立山东乐强国贸有限公司。

同年6月，投资400多万元修建的红河镇肖家庄村"惠生桥"竣工通车。

9月，乐化漆业公司取得"安全生产许可证"。10月，乐化漆业公司被继续认定为"高新技术企业"。

12月，获得1项科技部"科技型中小企业技术创新基金"项目验收。

2015年 企业家总部基地部分土地、规划批准，开工建

成两座办公楼，其他待开工。

同年5月，福荣置业公司合并到乐强国贸公司。

同年，乐化商标继续被认定为"山东省著名商标"。"乐化"牌油漆、建筑涂料被认定为"山东名牌产品"。

2016年 集团按照县委、县政府要求，把总部、南流泉片区及景观的方案图完成报县委、县政府，南流泉城中村改造和会所方案用地红线已批准，靠近会所区域用地红线已批准，等待政府再确认后，企业开工建设。

7月，乐化被认定为"全国守合同重信用"企业。

9月，乐化漆业公司第一期湿地建设完成并使用。

10月，乐强国贸公司取得"危险化学品经营许可证"。

2017年 1月，提出"三学"要求（一学国家法律法规、二学公司规章制度、三学岗位生产工艺技术）。7月，集团公司完善"三学一做"，在"三学"的基础上增加的"一做"是：做合格干部员工。

4月，乐化漆业公司被山东省安监局确定为涂料行业"风险管控、隐患排查"两体系建设标杆企业；第二期湿地工程建设完成。6月，对漆业公司厂区进行大刀阔斧整改规范，符合最新《建筑设计防火规范》标准和安全、环保要求。

8月，山东乐化集团获得全省诚信建设示范企业，集团董事长获得诚信建设示范企业领军人物；乐化漆业公司取得"危险化学品登记证书"。

9月，山东乐化集团被评为四星级"厚道鲁商"；乐化漆业公司顺利完成安全生产许可证的换证、危化品包装物全国工业产品生产许可证换证。

同年，寿光鑫乐公司100万吨/年油漆环保助剂项目一期10万吨开工建设。

2017年公司进行30周年大庆，总结过去30年，规划未来30年的目标是："巩固昌乐，发展青岛，开发西部"。

后 记

三十年过去，弹指一挥间。《乐化哲学》一书，浓缩了我创建乐化、和乐化一起走过三十年的酸甜苦辣，以及见证她成长、发展、壮大过程中的所思所悟。

我不是哲学家，但我有自己的哲学，思想里的，工作上的，生活中的。我的哲学，大多是悟出来的，如果包含一些哲理，那都是思想上体会和工作中总结的，但更重要的，是苦难辉煌的生活教给我的。

上海话剧艺术中心钱跃同志在我的讲话稿、相关新闻报道等基础上，整理、编写了书稿。经济科学出版社和崔新艳等同志为本书的出版付出很多努力，在此一并致谢。

我要感谢党和政府给了我一个施展本领、奉献乡里和社会的舞台，感念多年以来一如既往给予乐化集团和我本人关心、支持和帮助的所有领导、社会各界人士、同事和朋友，感恩我的母亲、我的爱人及所有家人，特别要感激强大的祖国，带领我们乐化人进入新时代。

沈孝业
2017年12月